Guida Completa al Trading di Opzioni: Dalle Nozioni di Base alle Strategie Avanzate

Impara a Investire con Sicurezza nel Mercato delle Opzioni: Strategie, Gestione del Rischio, Analisi Tecnica e Altro Ancora

Simon Street

1. Introduzione alle Opzioni: Cosa sono e come funzionano.

Definizione di un'Opzione

Un'opzione è un contratto finanziario che offre all'acquirente il diritto, ma non l'obbligo, di comprare o vendere un asset (spesso azioni, ma può anche riferirsi ad altri beni come commodities, indici, ecc.) a un prezzo prefissato (chiamato "strike price" o prezzo d'esercizio) entro una data specifica o prima.

Due Tipi Principali di Opzioni

- **Opzioni Call**: Danno al detentore il diritto di comprare un asset a un determinato prezzo d'esercizio entro una certa data.

- **Opzioni Put**: Danno al detentore il diritto di vendere un asset a un determinato prezzo d'esercizio entro una certa data.

Premio o Costo dell'Opzione

Quando acquisti un'opzione, paghi un "premio" che rappresenta il costo dell'opzione. Questo premio è determinato da vari fattori, tra cui la volatilità dell'asset sottostante, il tempo rimasto fino alla scadenza dell'opzione e la differenza tra il prezzo d'esercizio dell'opzione e il prezzo corrente dell'asset sottostante.

Esercitare un'Opzione

Se decidi di "esercitare" un'opzione, stai effettivamente facendo valere il tuo diritto di comprare (per le opzioni call) o vendere (per le opzioni put) l'asset sottostante al prezzo d'esercizio. Se decidi di non esercitare l'opzione, il tuo unico costo è il premio che hai pagato all'inizio.

Utilizzo delle Opzioni

Le opzioni possono essere utilizzate per diversi scopi:

1. **Speculazione**: Gli investitori possono usare le opzioni per scommettere sulla direzione in cui pensano che un asset si muoverà.

2. **Copertura**: Le opzioni possono essere utilizzate come "assicurazione" contro i movimenti dei prezzi avversi.

3. **Generazione di Reddito**: Attraverso strategie come la scrittura di opzioni coperte, gli investitori possono generare reddito.

Perché le Opzioni sono Uniche

A differenza di altri strumenti finanziari, le opzioni ti permettono di trarre profitto sia dai mercati in rialzo che da quelli in ribasso, e ti danno la flessibilità di rispondere a cambiamenti imprevisti nel mercato.

Dettagli Approfonditi sull'Universo delle Opzioni

Natura Derivativa delle Opzioni

Il termine "derivato" può suonare complesso, ma alla sua essenza, indica semplicemente un prodotto finanziario il cui valore deriva da un altro asset, noto come asset sottostante. Le opzioni appartengono a questa categoria. In altre parole, il valore di un'opzione è intrinsecamente legato al prezzo di un altro bene, come azioni, indici, materie prime, tassi d'interesse o persino altre opzioni.

Struttura del Contratto di Opzione

Ogni contratto di opzione ha specifiche caratteristiche:

- **Underlying Asset**: L'asset su cui è basata l'opzione. Può essere un'azione di una società, un indice borsistico, una materia prima come l'oro o il petrolio, ecc.
- **Quantità**: Normalmente, un contratto d'opzione standard rappresenta 100 azioni dell'asset sottostante. Tuttavia, ci possono essere opzioni su misura o non standardizzate con diverse quantità.

- **Data di Scadenza**: Ogni opzione ha una data di scadenza, dopodiché l'opzione diventa inutile se non esercitata.
- **Prezzo d'Esercizio**: Il prezzo al quale l'acquirente dell'opzione può acquistare (call) o vendere (put) l'asset sottostante.

In, At e Out of the Money

Questi termini descrivono la relazione tra il prezzo attuale dell'asset sottostante e il prezzo d'esercizio dell'opzione:

- **In the Money (ITM)**: Un'opzione call è ITM quando il prezzo dell'asset sottostante è superiore al prezzo d'esercizio. Al contrario, un'opzione put è ITM quando il prezzo dell'asset sottostante è inferiore al prezzo d'esercizio.
- **At the Money (ATM)**: L'opzione, sia call che put, è ATM quando il prezzo dell'asset sottostante è uguale o molto vicino al prezzo d'esercizio.
- **Out of the Money (OTM)**: Un'opzione call è OTM quando il prezzo dell'asset sottostante è inferiore al prezzo d'esercizio. Un'opzione put è OTM quando il prezzo dell'asset sottostante è superiore al prezzo d'esercizio.

Volatilità e Valore Temporale

Due concetti fondamentali nel mondo delle opzioni sono la volatilità e il valore temporale:

- **Volatilità**: Misura la variazione del prezzo di un asset sottostante in un determinato periodo di tempo. Maggiore è la volatilità, maggiore è il rischio percepito e, di conseguenza, maggiore sarà il premio dell'opzione.

- **Valore Temporale**: Parte del premio dell'opzione che riflette il tempo rimasto fino alla sua scadenza. Man mano che l'opzione si avvicina alla scadenza, il suo valore temporale diminuisce, un fenomeno noto come "decay temporale".

Opzioni Americane vs. Europee

Mentre entrambe le opzioni danno il diritto di acquistare o vendere un asset, la differenza chiave risiede nel momento in cui possono essere esercitate:

- **Opzioni Americane**: Possono essere esercitate in qualsiasi momento prima della loro data di scadenza.

- **Opzioni Europee**: Possono essere esercitate solo alla loro data di scadenza.

La Grecia delle Opzioni

Nel linguaggio delle opzioni, le "greche" sono variabili che mostrano come il prezzo delle opzioni cambia in risposta a vari fattori:

- **Delta**: Mostra come cambia il prezzo di un'opzione in risposta a una variazione del prezzo dell'asset sottostante.

- **Gamma**: Mostra come il Delta cambia in risposta a una variazione del prezzo dell'asset sottostante.

- **Theta**: Indica quanto perde in valore un'opzione con il passare del tempo.
- **Vega**: Mostra come cambia il prezzo di un'opzione in risposta a una variazione della volatilità dell'asset sottostante.
- **Rho**: Indica come cambia il prezzo di un'opzione in risposta a una variazione dei tassi d'interesse.

In conclusione, le opzioni sono strumenti finanziari sofisticati che offrono agli investitori flessibilità e potenziale di profitto, ma vengono anche con un certo grado di complessità. Comprendere a fondo questi concetti è essenziale per navigare con successo nel mondo delle opzioni e trarne profitto in modo efficace.

Profondità e Ambiti delle Opzioni nel Mondo degli Investimenti

Mercati delle Opzioni

Le opzioni sono negoziate su mercati specifici. Mentre molte persone sono familiarizzate con la Borsa Valori, non tutti sanno che ci sono borse dedicate esclusivamente alle opzioni, come la Chicago Board Options Exchange (CBOE) negli Stati Uniti. Questi mercati specializzati facilitano l'acquisto, la vendita e l'esercizio di opzioni.

Opzioni su Azioni vs Opzioni su Indici

Mentre abbiamo discusso principalmente delle opzioni su singole azioni, esistono anche opzioni basate su indici di mercato. Queste opzioni funzionano nello stesso modo delle opzioni su singole azioni, ma l'asset sottostante, in questo caso, è un indice di mercato, come l'S&P 500 o il Dow Jones. Le opzioni su indici consentono agli investitori di speculare o proteggersi dalle variazioni di un intero segmento di mercato piuttosto che di una singola azione.

Liquidezza e Spread Bid-Ask

Non tutte le opzioni sono create uguali in termini di liquidezza. Alcune opzioni, specialmente quelle su azioni popolari o indici noti, sono molto liquide, il che significa che possono essere facilmente acquistate o vendute. Altre opzioni, magari su azioni meno conosciute, potrebbero non essere altrettanto liquide. La liquidezza influisce direttamente sullo spread bid-ask (la differenza tra il prezzo al quale gli acquirenti sono disposti a comprare e quello al quale i venditori sono disposti a vendere), che può influire sui costi di negoziazione per l'investitore.

Opzioni e Dividendi

Se l'asset sottostante di un'opzione paga un dividendo, ciò può influire sul prezzo dell'opzione. In generale, quando una società annuncia un dividendo, il prezzo delle sue azioni può aumentare prima della data di stacco del dividendo e poi diminuire di un importo simile al dividendo dopo quella data. Queste variazioni di prezzo possono influire sul valore delle opzioni correlate.

Opzioni e Eventi d'Impresa

Oltre ai dividendi, altri eventi aziendali, come scissioni, fusioni o acquisizioni, possono influenzare il valore delle opzioni. Ad esempio, se una società viene acquisita ad un prezzo premium rispetto al suo attuale prezzo di mercato, le opzioni call su quelle azioni potrebbero aumentare di valore.

Utilizzo delle Opzioni in Portafoglio

Molti investitori istituzionali e fondi hedge utilizzano le opzioni come parte integrante della loro strategia di portafoglio. Attraverso l'uso combinato di opzioni, azioni e altri derivati, questi investitori possono costruire strategie complesse che puntano a massimizzare i rendimenti, proteggere il capitale o entrambi.

Opzioni su Futures

Oltre alle opzioni su azioni e indici, esistono anche opzioni su contratti futures. Queste opzioni danno il diritto, ma non l'obbligo, di entrare in un contratto futures a un prezzo specificato. Sono particolarmente popolari nei mercati delle materie prime.

Miti e Malintesi

Molti principianti considerano le opzioni come strumenti estremamente rischiosi. Sebbene le opzioni possano essere utilizzate in maniera speculativa, possono anche essere impiegate per ridurre il rischio in un portafoglio. È essenziale che gli investitori siano educati sui veri rischi e benefici delle opzioni.

Implicazioni Fiscali

Le opzioni hanno implicazioni fiscali uniche. Ad esempio, in molti paesi, se un investitore detiene un'opzione per più di un anno prima di venderla, potrebbe beneficiare di tasse ridotte sui guadagni a lungo termine. Tuttavia, le specifiche variano da una giurisdizione all'altra.

Nel complesso, le opzioni rappresentano uno degli strumenti finanziari più versatili disponibili per gli investitori. Mentre sono spesso viste come complesse e rischiose, una comprensione approfondita può svelare un mondo di opportunità per coloro che sono disposti a dedicare tempo ed energia nell'apprendimento.

Dinamiche Avanzate e Considerazioni sull'Investimento in Opzioni

Strategie Combinate con Opzioni

Mentre la semplice acquisto o vendita di call e put può essere intuitiva per molti, esistono molteplici strategie avanzate che combinano diverse posizioni di opzioni per raggiungere obiettivi specifici:

- **Spread**: Gli investitori possono creare una serie di "spread" utilizzando opzioni. Ad esempio, uno "spread verticale" implica l'acquisto e la vendita di opzioni dello stesso tipo (call o put) ma con prezzi d'esercizio diversi.
- **Straddle e Strangle**: Queste sono strategie neutre rispetto alla direzione del mercato. Un investitore potrebbe acquistare sia una call che una put allo stesso prezzo d'esercizio (straddle) o a prezzi d'esercizio diversi (strangle), sperando in un grande movimento in una direzione o nell'altra.
- **Iron Condor e Butterfly**: Queste sono strategie avanzate che combinano spread multipli per trarre profitto da mercati poco volatili.

Costi Impliciti e Opzioni

Non tutti i costi associati alle opzioni sono immediatamente visibili. Oltre allo spread bid-ask, gli investitori devono tenere conto delle commissioni di intermediazione, che possono variare ampiamente tra i diversi broker. Alcuni broker potrebbero offrire commissioni basse ma compensare con altri costi, come fee per il mantenimento del conto o costi nascosti.

Opzioni e Effetto Leva

Una delle attrattive principali delle opzioni è l'effetto leva che offrono. Con una piccola quantità di capitale, un investitore può controllare una posizione significativamente più grande nell'asset sottostante. Tuttavia, mentre l'effetto leva può amplificare i rendimenti, può anche amplificare le perdite. È essenziale che gli investitori comprendano questo doppio taglio prima di immergersi nel trading di opzioni.

Asimmetria del Rischio e Opzioni

Una caratteristica unica delle opzioni è l'asimmetria del rischio. Per l'acquirente di un'opzione, la perdita è limitata al premio pagato per l'opzione, ma il potenziale guadagno è illimitato (per le opzioni call) o almeno molto significativo (per le opzioni put). Per il venditore, la dinamica è invertita: i guadagni sono limitati al premio incassato, ma le potenziali perdite possono essere significative.

Opzioni e Correlazione

La correlazione tra asset può avere un impatto significativo sul prezzo delle opzioni. Se un investitore possiede opzioni su diverse azioni che tendono a muoversi insieme, il rischio complessivo potrebbe essere maggiore di quanto previsto. Allo stesso modo, le opzioni su asset che tendono a muoversi in direzioni opposte possono fornire una forma di diversificazione.

Scelta dei Momenti per Operare con le Opzioni

Non sempre è il momento giusto per operare con le opzioni. Ci sono periodi in cui i mercati sono particolarmente volatili, il che può gonfiare i premi delle opzioni, rendendo costoso l'ingresso in posizione. Al contrario, in periodi di bassa volatilità, le opzioni potrebbero essere sottoprezzate, offrendo opportunità.

Regolamentazione e Normative

Le opzioni, come tutti gli strumenti finanziari, sono soggette a regolamentazione. A seconda del paese e del mercato, ci possono essere diverse regole su chi può emettere, acquistare o vendere opzioni, come vengono tassate e quali informazioni devono essere divulgate agli investitori.

Sperimentare con le opzioni richiede una solida comprensione non solo dei fondamentali dell'opzione stessa ma anche delle dinamiche di mercato, dei costi, della regolamentazione e delle strategie avanzate. L'educazione continua, la pratica e la vigilanza sono essenziali per ottenere successo e mitigare i rischi in questo ambito avanzato degli investimenti.

Conclusione sull'Introduzione alle Opzioni: Cosa sono e come funzionano

Le opzioni rappresentano uno degli strumenti finanziari più intriganti e versatili nel panorama degli investimenti moderni. A differenza di altri strumenti come azioni e obbligazioni, le opzioni offrono agli investitori il potenziale di guadagnare sia in mercati rialzisti sia in mercati ribassisti, e persino in mercati laterali o poco volatili. Ma con questa flessibilità viene anche una complessità che non può essere sottovalutata.

Al cuore del concetto di opzioni c'è il diritto, ma non l'obbligo, di acquistare o vendere un determinato asset a un prezzo prestabilito entro un periodo specificato. Questa definizione, seppur semplice, nasconde una profonda complessità operativa e strategica. Le dinamiche del premio dell'opzione, la volatilità implicita, il tempo al decadimento e l'effetto leva sono solo alcune delle molte variabili che influenzano il valore di un'opzione.

La comprensione di queste variabili, insieme a una solida conoscenza delle strategie avanzate, come spread, straddle e condor, può aprire la porta a un vasto panorama di opportunità di investimento. Tuttavia, come con ogni strumento finanziario avanzato, il potenziale di rendimento elevato è strettamente legato a un livello di rischio elevato. La chiave del successo sta nell'equilibrare questi due fattori.

Inoltre, il contesto in cui le opzioni vengono negoziate – dalla liquidità del mercato alle implicazioni fiscali, passando per la regolamentazione – gioca un ruolo fondamentale nella determinazione dell'efficacia e della sicurezza delle operazioni con le opzioni. La scelta del broker, la comprensione degli spread bid-ask e l'attenzione ai dettagli, come le date di scadenza e gli eventi aziendali, possono fare la differenza tra una transazione vantaggiosa e una meno proficua.

In conclusione, mentre le opzioni possono sembrare uno strumento rischioso e complicato per i non addetti ai lavori, con la giusta formazione, pratica e rispetto per la loro natura complessa, possono diventare un componente prezioso e strategico di un portafoglio di investimenti ben diversificato. Come per qualsiasi strategia di investimento, l'educazione continua, la prudenza e la comprensione del proprio profilo di rischio sono essenziali per navigare con successo nel mondo delle opzioni.

2. Tipi di Opzioni: Call e Put.

Tipi di Opzioni: Call e Put

Opzioni Call

Un'opzione call offre all'acquirente il diritto, ma non l'obbligo, di acquistare un asset sottostante a un prezzo d'esercizio prestabilito entro una data specificata.

- **Acquirente di una Call**: Quando acquisti una call, paghi un premio al venditore per il diritto di acquistare l'asset sottostante a un prezzo concordato. Se il prezzo dell'asset sottostante sale oltre il prezzo d'esercizio entro la data di scadenza, puoi esercitare la tua opzione e acquistare l'asset a un costo inferiore rispetto al suo valore di mercato. Il tuo profitto sarà la differenza tra il prezzo di mercato e il prezzo d'esercizio, meno il premio pagato.
- **Venditore di una Call**: Quando vendi una call, ricevi il premio dall'acquirente. In cambio, assumi l'obbligo di vendere l'asset sottostante al prezzo d'esercizio se l'acquirente decide di esercitare l'opzione. Se il prezzo dell'asset rimane al di sotto del prezzo d'esercizio, puoi mantenere il premio come profitto. Tuttavia, se il prezzo dell'asset supera il prezzo d'esercizio, potresti subire una perdita.

Opzioni Put

Un'opzione put dà all'acquirente il diritto, ma non l'obbligo, di vendere un asset sottostante a un prezzo d'esercizio concordato entro una data specificata.

- **Acquirente di una Put**: Acquistando una put, paghi un premio al venditore per il diritto di vendere l'asset sottostante a un prezzo concordato. Se il prezzo dell'asset sottostante scende al di sotto del prezzo d'esercizio entro la data di scadenza, puoi esercitare la tua opzione e vendere l'asset a un prezzo superiore al suo valore di mercato attuale. Il tuo profitto sarà la differenza tra il prezzo d'esercizio e il prezzo di mercato, meno il premio pagato.
- **Venditore di una Put**: Vendendo una put, ricevi il premio dall'acquirente. In cambio, assumi l'obbligo di acquistare l'asset sottostante al prezzo d'esercizio se l'acquirente esercita l'opzione. Se il prezzo dell'asset rimane superiore al prezzo d'esercizio, puoi mantenere il premio come profitto. Tuttavia, se il prezzo scende al di sotto del prezzo d'esercizio, potresti subire una perdita.

In sintesi, le opzioni call e put sono gli strumenti base utilizzati nel mondo delle opzioni. Mentre una call offre l'opportunità di beneficiare dell'aumento del prezzo dell'asset sottostante, una put offre protezione o la possibilità di trarre profitto da una diminuzione del prezzo. Entrambe hanno il loro posto nelle strategie di investimento, a seconda della visione e delle aspettative dell'investitore rispetto al mercato.

Profondità e Liquidità del Mercato

La liquidità è una componente essenziale per gli investitori nelle opzioni. Una maggiore liquidità indica che ci sono molteplici acquirenti e venditori, il che facilita l'ingresso o l'uscita da una posizione. Le opzioni su azioni o indici popolari tendono ad avere una maggiore liquidità. Una maggiore liquidità si traduce spesso in spread bid-ask più stretti, riducendo i costi di trading.

Volatilità e Prezzo delle Opzioni

La volatilità è un fattore chiave nella determinazione del prezzo delle opzioni. Maggiore è la volatilità prevista per l'asset sottostante, maggiore sarà il premio dell'opzione. Questo perché una maggiore volatilità aumenta la probabilità che l'opzione finisca in-the-money. La volatilità può essere storica, basata sulle fluttuazioni passate dei prezzi, o implicita, dedotta dal prezzo corrente delle opzioni sul mercato.

Decadenza Temporale

Con l'avvicinarsi della scadenza, il valore temporale delle opzioni tende a diminuire, un fenomeno noto come decadimento temporale. Questo è particolarmente vero per le opzioni out-of-the-money. Gli acquirenti di opzioni devono quindi essere consapevoli del tempo che resta alla scadenza e di come potrebbe influenzare il valore delle loro opzioni.

Delta, Gamma, Theta, Vega e Rho

Questi sono noti come i "greeks" delle opzioni e sono essenziali per comprendere come vari fattori, come i cambiamenti nel prezzo dell'asset sottostante, la volatilità, il tempo alla scadenza e i tassi di interesse, influenzano il prezzo delle opzioni.

- **Delta**: Misura la sensibilità del prezzo dell'opzione ai cambiamenti nel prezzo dell'asset sottostante.
- **Gamma**: Indica quanto delta cambierà dato un cambiamento nel prezzo dell'asset sottostante.
- **Theta**: Misura la sensibilità del prezzo dell'opzione al passare del tempo.
- **Vega**: Mostra la sensibilità del prezzo dell'opzione ai cambiamenti nella volatilità dell'asset sottostante.
- **Rho**: Indica la sensibilità del prezzo dell'opzione ai cambiamenti nei tassi di interesse.

Opzioni Americane vs. Europee

Mentre le opzioni di stile americano possono essere esercitate in qualsiasi momento prima della scadenza, le opzioni di stile europeo possono essere esercitate solo alla loro data di scadenza. Questa differenza può influire sul valore relativo delle due opzioni.

Differenza tra Opzioni Scritte e Coperte

Una call coperta implica possedere l'asset sottostante e vendere una call su di esso. Questa è una strategia usata per generare reddito o proteggere da piccole diminuzioni del prezzo dell'asset. D'altra parte, vendere una call scoperta (senza possedere l'asset sottostante) può offrire profitti maggiori, ma viene con un rischio significativamente più alto.

Nel caso delle put, una put coperta implica avere una posizione corta nell'asset sottostante. Al contrario, una put nuda viene venduta senza una posizione corta corrispondente nell'asset sottostante.

L'Importanza dell'Educazione

A causa della loro natura complessa e dei molteplici fattori che influenzano il loro valore, le opzioni non sono adatte a tutti gli investitori. Prima di iniziare a negoziare opzioni, è essenziale investire tempo ed energia per educarsi, comprendere le dinamiche di mercato, le strategie avanzate e i rischi associati. Molti broker offrono risorse educative, seminari, webinar e strumenti di simulazione per aiutare gli investitori ad acquisire le competenze necessarie.

In-the-money, At-the-money, Out-of-the-money

Le opzioni possono essere classificate in base alla loro relazione con il prezzo corrente dell'asset sottostante:

- **In-the-money (ITM)**: Una call è considerata ITM quando il prezzo dell'asset sottostante è superiore al prezzo d'esercizio dell'opzione. Invece, una put è ITM quando il prezzo dell'asset sottostante è inferiore al prezzo d'esercizio.

- **At-the-money (ATM)**: Una opzione è considerata ATM quando il prezzo dell'asset sottostante è uguale o molto vicino al prezzo d'esercizio.

- **Out-of-the-money (OTM)**: Una call è OTM quando il prezzo dell'asset sottostante è inferiore al prezzo d'esercizio. Al contrario, una put è OTM quando il prezzo dell'asset sottostante è superiore al prezzo d'esercizio.

Leva Finanziaria e Opzioni

Le opzioni offrono una leva significativa. Ciò significa che per un piccolo investimento iniziale, si può controllare una quantità molto maggiore dell'asset sottostante. Questa leva può amplificare sia i guadagni che le perdite. È quindi cruciale che gli investitori comprendano appieno il potenziale di rischio e rendimento prima di negoziare opzioni.

Opzioni su Diversi Tipi di Asset Sottostanti

Mentre le opzioni su azioni sono le più comuni, esistono opzioni su una vasta gamma di asset sottostanti, tra cui indici, futures, valute e commodities. Ognuna di queste opzioni ha caratteristiche e dinamiche di mercato uniche.

Regolamentazione e Sicurezza

Le opzioni sono strumenti regolamentati. In molti paesi, le borse di opzioni sono sottoposte a una rigida supervisione da parte degli organismi di regolamentazione per garantire la trasparenza e la protezione degli investitori. È sempre consigliabile lavorare con broker regolamentati e riconosciuti.

Strategie Combinate

Oltre a comprare e vendere singole call e put, gli investitori spesso combinano diverse opzioni per creare strategie complesse. Alcuni esempi includono:

- **Spread**: Acquistare e vendere contemporaneamente opzioni dello stesso tipo ma con prezzi d'esercizio o date di scadenza diverse.

- **Straddle**: Acquistare contemporaneamente una call e una put con lo stesso prezzo d'esercizio e data di scadenza, utilizzato quando ci si aspetta una grande variazione del prezzo, ma non si è sicuri della direzione.

- **Collar**: Combinazione di acquisto di un'opzione put e vendita di un'opzione call per proteggere un portafoglio azionario da variazioni significative di prezzo.

Impatto dei Dividendi

Nel caso delle opzioni su azioni, i dividendi possono avere un impatto significativo. Se un'azione paga un dividendo, può influenzare il prezzo delle call e delle put relative a quell'azione.

Considerazioni Fiscali

Gli investimenti in opzioni possono avere implicazioni fiscali. A seconda della giurisdizione, i guadagni e le perdite derivanti dalla negoziazione di opzioni possono essere trattati in modi diversi dal punto di vista fiscale rispetto ad altri investimenti. È sempre consigliabile consultare un professionista fiscale per comprendere le possibili implicazioni.

Conclusione

Le opzioni sono strumenti finanziari avanzati che offrono opportunità uniche, ma anche rischi significativi. La chiave per avere successo nel trading di opzioni è la formazione continua, la pratica e una gestione prudente del rischio.

Cicli di Scadenza delle Opzioni

Le opzioni sono disponibili in vari cicli di scadenza. Ci sono opzioni a breve termine che possono scadere settimanalmente e opzioni a lungo termine che possono avere scadenze mensili o addirittura annuali. Esistono anche opzioni LEAPS (Long-Term Equity Anticipation Securities) che hanno scadenze che si estendono fino a tre anni.

Rischi Associati alle Opzioni

È essenziale sottolineare che, mentre le opzioni offrono opportunità di rendimento, comportano anche rischi significativi:

- **Rischio di Perdita Totale**: Se una opzione acquistata scade out-of-the-money, il suo valore diventa zero, e l'investitore perde l'intero premio pagato.

- **Rischio Illimitato**: Vendendo opzioni scoperte (specialmente call), un investitore potrebbe affrontare perdite illimitate se il mercato si muove contro la sua posizione.

Valore Intrinseco e Valore Temporale

Il prezzo (o premio) di un'opzione è composto da due componenti principali: il valore intrinseco e il valore temporale. Il valore intrinseco rappresenta la differenza tra il prezzo dell'asset sottostante e il prezzo d'esercizio di una opzione in-the-money. Il valore temporale, d'altra parte, rappresenta il premio aggiuntivo che gli investitori sono disposti a pagare basandosi sulla potenziale futura variazione del prezzo dell'asset sottostante prima della scadenza.

Margini nel Trading di Opzioni

Quando si vendono opzioni, in particolare opzioni scoperte, il broker richiederà un margine, che rappresenta una frazione del valore contrattuale totale, come garanzia contro potenziali perdite. Questo margine varia in base al tipo di opzione, alla sua volatilità e ad altri fattori di mercato.

Rolling di una Opzione

Il "rolling" è una strategia in cui un investitore chiude una posizione in un'opzione e contemporaneamente ne apre una nuova con una scadenza diversa o un prezzo d'esercizio diverso. Questo può essere fatto per bloccare i profitti, estendere il tempo o regolare la posizione in base alle aspettative di mercato.

Opzioni Binarie

Le opzioni binarie sono un tipo speciale di opzione che paga un rendimento fisso se finisce in-the-money e niente altrimenti. A differenza delle opzioni tradizionali, le binarie hanno un risultato "tutto o niente", rendendole particolarmente speculative.

Implicazioni dei Tassi di Interesse

I tassi di interesse possono influenzare il prezzo delle opzioni, in particolare delle opzioni su strumenti a reddito fisso come i bond. Un aumento dei tassi di interesse può ridurre il valore delle call e aumentare il valore delle put, mentre una diminuzione dei tassi può avere l'effetto opposto.

Opzioni Esotiche

Oltre alle opzioni standard, esistono numerose varianti esotiche con caratteristiche uniche. Ad esempio, le opzioni asiatiche, le opzioni barriera e le opzioni lookback, che hanno meccanismi di payoff e scadenze differenti.

Considerazioni Psicologiche

Il trading di opzioni può essere emotivamente intenso. La leva finanziaria fornita dalle opzioni può amplificare sia i guadagni che le perdite, rendendo essenziale una solida disciplina di trading. Molti trader di successo enfatizzano l'importanza di un piano di trading ben definito e della capacità di aderirvi senza lasciarsi influenzare dalle emozioni.

Opzioni e Portafoglio Diversificato

Le opzioni possono essere utilizzate come parte di una strategia di portafoglio diversificata. Possono aiutare a proteggere contro le fluttuazioni del mercato, generare reddito attraverso la scrittura di opzioni coperte o sfruttare le aspettative di mercato senza dover investire un capitale significativo.

In sintesi, mentre le opzioni Call e Put sono gli strumenti più comuni e basilari nel mondo delle opzioni, esiste un vasto universo di conoscenze e strategie associate. La chiave del successo nel trading di opzioni risiede nella comprensione approfondita di questi strumenti e nella capacità di navigare in un ambiente di mercato in continua evoluzione.

Ovviamente, continuo a elaborare ulteriormente sul mondo delle opzioni Call e Put.

Liquidità e Spread Bid-Ask

Nel mondo delle opzioni, come in altri mercati, la liquidità è una considerazione cruciale. Le opzioni con alto volume di scambi e molte posizioni aperte tendono ad avere spread bid-ask più stretti, rendendo più efficiente l'entrata e l'uscita dalle posizioni. Al contrario, le opzioni meno liquide potrebbero avere spread bid-ask più ampi, il che potrebbe incidere negativamente sul potenziale rendimento di un'operazione.

Delta, Gamma, Theta, Vega e Rho

Questi sono noti come "greeks" delle opzioni e aiutano gli investitori a capire come varie condizioni di mercato, come movimenti di prezzo, volatilità e passare del tempo, influenzeranno il prezzo di un'opzione.

- **Delta**: Misura quanto il prezzo di un'opzione cambierà rispetto a un cambio di 1 unità nel prezzo dell'asset sottostante.
- **Gamma**: Indica quanto cambierà il Delta rispetto a un cambiamento nel prezzo dell'asset sottostante.
- **Theta**: Rappresenta il tasso al quale il valore di un'opzione diminuirà con il passare del tempo.
- **Vega**: Misura la sensibilità del prezzo di un'opzione ai cambiamenti nella volatilità dell'asset sottostante.
- **Rho**: Indica la sensibilità del prezzo di un'opzione ai cambiamenti nei tassi di interesse.

Volatilità Implicita vs. Volatilità Storica

La volatilità implicita è una misura di quanto gli operatori di mercato si aspettano che un asset si muova in futuro e si riflette nel prezzo corrente dell'opzione. La volatilità storica, d'altro canto, è una misura di quanto l'asset sottostante si è effettivamente mosso in passato. Gli investitori utilizzano spesso la comparazione tra queste due volatilità come indicatore per valutare se un'opzione è sovrapprezzata o sottovalutata.

Considerazioni sul Time Decay

Man mano che una opzione si avvicina alla sua data di scadenza, il suo valore temporale tende a diminuire, un fenomeno noto come "time decay". Questo è particolarmente pronunciato nelle opzioni at-the-money e out-of-the-money. Gli scrittori di opzioni, o venditori, possono cercare di sfruttare il time decay a loro vantaggio, specialmente quando vendono opzioni con scadenza breve.

Effetto delle Notizie sul Mercato

Gli eventi di mercato imprevisti o le notizie significative relative a un'azienda o a un settore possono avere un impatto significativo sul prezzo delle opzioni. Questo può includere annunci sugli utili, fusioni e acquisizioni, cambiamenti normativi o altre notizie macroeconomiche. Gli investitori che negoziano opzioni dovrebbero essere attenti e pronti a reagire rapidamente a tali sviluppi.

Pricing delle Opzioni e Modelli di Valutazione

Esistono diversi modelli utilizzati per valutare il prezzo giusto di un'opzione. Il Modello di Black-Scholes è forse il più noto, ma ci sono anche altri modelli come il Binomial e il Trinomial. Questi modelli prendono in considerazione vari fattori come la volatilità, i tassi di interesse, la scadenza e il prezzo dell'asset sottostante per derivare un prezzo teorico per l'opzione.

Utilizzo di Opzioni in Portafogli Istituzionali

Mentre molti investitori individuali negoziano opzioni, anche molti investitori istituzionali, come fondi pensione e fondi comuni di investimento, utilizzano le opzioni per raggiungere diversi obiettivi, che vanno dalla copertura al raggiungimento di specifici obiettivi di rendimento.

Conclusione

Mentre le opzioni Call e Put sono al centro del trading di opzioni, esiste un vasto e complesso universo di dettagli, strategie e considerazioni che ogni trader o investitore dovrebbe esplorare prima di immergersi in questo segmento del mercato finanziario. E come sempre, è essenziale avere una chiara comprensione del proprio profilo di rischio e obiettivi di investimento quando si negoziano questi sofisticati strumenti finanziari.

Le opzioni, rappresentate principalmente dai contratti Call e Put, sono strumenti finanziari che offrono un'ampia gamma di opportunità per gli investitori. Tuttavia, come con tutti gli investimenti, vengono anche con una serie di rischi e sfide. Riassumendo il punto con un approccio dettagliato:

Conclusione sui Tipi di Opzioni: Call e Put

- **Natura delle Opzioni**: Le opzioni Call e Put sono, rispettivamente, diritti di acquistare e vendere un asset sottostante a un prezzo prestabilito, entro una data specifica. Non sono obblighi, il che significa che gli investitori possono scegliere di esercitare il diritto o lasciare che l'opzione scada senza valore.

- **Determinanti del Prezzo**: Il prezzo di un'opzione è influenzato da diversi fattori come il prezzo dell'asset sottostante, la volatilità, il tempo alla scadenza, i tassi di interesse e le aspettative del mercato. Comprendere questi fattori è fondamentale per valutare correttamente il valore di un'opzione.
- **Rischi e Benefici**: Mentre le opzioni possono offrire rendimenti elevati a causa della loro natura di leva finanziaria, comportano anche un rischio significativo, che può portare alla perdita dell'intero investimento. Tuttavia, per il venditore, specialmente nel caso di vendita di opzioni scoperte, il rischio può essere potenzialmente illimitato.
- **Strategie Complesse**: Oltre alle operazioni di base di acquisto e vendita di opzioni Call e Put, gli investitori utilizzano una varietà di strategie combinate, come spread, straddle e condor, per sfruttare o proteggersi da movimenti specifici del mercato.
- **Significato nel Mercato**: La presenza di opzioni rende i mercati finanziari più completi e efficienti, permettendo agli investitori di gestire il rischio, sfruttare le informazioni e ottenere rendimenti in modi che non sarebbero possibili con soli investimenti azionari.

- **Formazione e Preparazione**: Data la complessità e i rischi associati alle opzioni, è essenziale che gli investitori si armino di una solida formazione e comprensione prima di iniziare a negoziare. Questo può includere la lettura di libri, la frequentazione di corsi e l'utilizzo di piattaforme di simulazione per praticare senza rischiare capitale reale.

In sintesi, mentre le opzioni Call e Put offrono agli investitori una vasta gamma di strategie per generare profitti e gestire i rischi, è essenziale trattarle con rispetto. La chiave del successo nel trading di opzioni risiede in una comprensione approfondita, una formazione continua, una disciplina rigorosa e una valutazione realistica delle proprie capacità e tolleranza al rischio.

3. Terminologia Base: Strike Price, Expiry Date, Underlying Asset, ecc.

Approfondiamo la terminologia di base utilizzata nel mondo delle opzioni. Una comprensione chiara di questi termini è essenziale per chiunque desideri iniziare a negoziare opzioni o comprenderne meglio la natura.

Strike Price (Prezzo di Esercizio) Il prezzo di esercizio, o strike price, di un'opzione è il prezzo prestabilito al quale l'acquirente di un'opzione Call ha il diritto, ma non l'obbligo, di acquistare l'asset sottostante; mentre l'acquirente di un'opzione Put ha il diritto di venderlo. Il confronto tra lo strike price e il prezzo corrente dell'asset sottostante determina se l'opzione è in-the-money, at-the-money o out-of-the-money.

Expiry Date (Data di Scadenza) Ogni opzione ha una data di scadenza specificata, che rappresenta la data entro la quale l'opzione deve essere esercitata. Dopo questa data, l'opzione diventa inutile. Le opzioni possono essere classificate come opzioni europee (che possono essere esercitate solo alla scadenza) o opzioni americane (che possono essere esercitate in qualsiasi momento prima della scadenza).

Underlying Asset (Asset Sottostante) L'asset sottostante di un'opzione è l'asset (come azioni, indici, materie prime, ecc.) sul quale l'opzione prende il valore. Quando un'opzione viene esercitata, è l'asset sottostante che viene acquistato o venduto al prezzo di esercizio.

In-the-Money (ITM) Un'opzione Call è in-the-money quando il prezzo dell'asset sottostante è superiore allo strike price. Al contrario, un'opzione Put è in-the-money quando il prezzo dell'asset sottostante è inferiore allo strike price.

At-the-Money (ATM) Un'opzione è considerata at-the-money quando il prezzo dell'asset sottostante è uguale (o molto vicino) allo strike price.

Out-of-the-Money (OTM) Un'opzione Call è out-of-the-money quando il prezzo dell'asset sottostante è inferiore allo strike price. Invece, un'opzione Put è out-of-the-money quando il prezzo dell'asset sottostante è superiore allo strike price.

Premium (Premio) Il premio dell'opzione è il prezzo pagato dall'acquirente all'emittente (o venditore) dell'opzione per ottenere il diritto che l'opzione conferisce. Esso riflette varie variabili come il prezzo dell'asset sottostante, il tempo alla scadenza, la volatilità e i tassi di interesse.

Open Interest (Interesse Aperto) L'open interest rappresenta il numero totale di contratti di opzione aperti e non ancora liquidati attraverso una transazione offset, la consegna, l'esercizio, ecc. Può essere usato come indicatore di liquidità per specifiche opzioni.

Writer (Scrittore) Il venditore (o scrittore) di un'opzione è la parte che concede all'acquirente il diritto specificato dal contratto di opzione in cambio del premio pagato dall'acquirente. Comprendere questa terminologia è fondamentale per navigare nel mondo delle opzioni. Essi rappresentano la base del linguaggio utilizzato dai trader e dagli investitori nel mercato delle opzioni e sono essenziali per prendere decisioni informate e strategiche.

La terminologia delle opzioni non si ferma a quei termini fondamentali. Esiste un intero vocabolario che va oltre e che fornisce una comprensione più profonda delle dinamiche e delle sfumature di questo strumento finanziario.

Volatilità: Questo è un concetto fondamentale nel mondo delle opzioni. La volatilità rappresenta l'entità delle variazioni di prezzo di un asset sottostante in un determinato periodo di tempo. Più alta è la volatilità, maggiore è il rischio percepito, e di conseguenza, maggiore sarà il premio dell'opzione. Esistono due tipi principali di volatilità: storica (basata sulle fluttuazioni passate) e implicita (prevista dal mercato e riflessa nel premio dell'opzione).

Delta: Delta misura la sensibilità del prezzo dell'opzione alle variazioni del prezzo dell'asset sottostante. Per esempio, un delta di 0,50 indica che per ogni aumento di 1€ del prezzo dell'asset sottostante, il prezzo dell'opzione aumenterà di 0,50€.

Gamma: Gamma è legato al Delta e rappresenta la variazione del Delta per una variazione unitaria del prezzo dell'asset sottostante. È una misura della velocità con cui il Delta cambia.

Theta: Theta misura l'effetto del decadimento temporale sul prezzo dell'opzione. Tutte le opzioni perdono valore con il passare del tempo, e Theta quantifica questa perdita di valore.

Vega: Questo termine rappresenta la sensibilità del prezzo dell'opzione alla variazione della volatilità implicita. Un Vega elevato indica che l'opzione è più sensibile alle variazioni della volatilità.

Rho: Rho misura la sensibilità del prezzo dell'opzione alle variazioni dei tassi di interesse. Sebbene non sia così cruciale come gli altri "greeks" (delta, gamma, theta, vega), è comunque un fattore importante, soprattutto per opzioni con lunghe scadenze.

Assignment (Assegnazione): Si verifica quando il possessore di un'opzione esercita il suo diritto e il venditore dell'opzione è obbligato a rispettare il contratto, che potrebbe significare la vendita dell'asset sottostante al prezzo di esercizio (nel caso di opzioni call) o l'acquisto dell'asset sottostante al prezzo di esercizio (nel caso di opzioni put).

Margin Requirement (Requisito di Margine): Questo rappresenta l'importo di capitale che un investitore deve depositare e mantenere nel suo conto per scrivere opzioni o entrare in posizioni che richiedono garanzie. Questo margine protegge sia l'investitore che il broker da potenziali perdite.

Extrinsic Value (Valore Estrinseco): Questo è il valore dell'opzione che non è direttamente correlato al prezzo dell'asset sottostante. Esso comprende fattori come la volatilità implicita e il tempo alla scadenza. Con il passare del tempo, il valore estrinseco diminuisce, arrivando a zero alla scadenza.

Intrinsic Value (Valore Intrinseco): Questo rappresenta la differenza tra il prezzo dell'asset sottostante e lo strike price di un'opzione. Esso riflette la quantità effettiva di valore reale in un'opzione.

Con questi termini aggiuntivi, si può avere una visione più ampia e matematicamente rigorosa delle opzioni e di come funzionano. Essere ben versati in questa terminologia può fornire una grande vantaggio nella comprensione e nell'analisi delle opportunità e dei rischi nel trading di opzioni.

Leva Finanziaria: Le opzioni offrono l'opportunità di utilizzare la leva finanziaria. Questo significa che gli investitori possono controllare una quantità significativa di un asset sottostante con una piccola quantità di capitale iniziale. Questa leva amplifica sia i potenziali guadagni sia le potenziali perdite, rendendo le opzioni uno strumento finanziario potente ma rischioso.

Barriera: Alcune opzioni sono dotate di una caratteristica chiamata "barriera", un livello di prezzo predeterminato che, una volta raggiunto o superato, attiva o disattiva la validità dell'opzione. Le opzioni barriera sono suddivise in "knock-in" (diventano valide solo quando l'asset sottostante raggiunge un certo livello) e "knock-out" (diventano invalide quando l'asset sottostante raggiunge un certo livello).

Binaria o Opzione Digitale: Queste opzioni hanno un pagamento fisso che viene erogato se l'opzione scade in-the-money. Al contrario, se scade out-of-the-money, l'investitore perde l'intero investimento.

Opzioni Esotiche: Oltre alle opzioni call e put standard, esistono diverse varianti o "opzioni esotiche" che offrono pagamenti o caratteristiche particolari. Alcuni esempi includono opzioni asiatiche, opzioni bermudiane e opzioni lookback.

Moneyness: Si riferisce alla relazione tra il prezzo corrente dell'asset sottostante e lo strike price dell'opzione. Come menzionato in precedenza, un'opzione può essere in-the-money, at-the-money o out-of-the-money, ma il grado di "moneyness" può variare. Per esempio, un'opzione può essere profondamente in-the-money o leggermente in-the-money.

Settlement (Liquidazione): Si riferisce al processo attraverso il quale le obbligazioni derivanti da un contratto di opzione vengono soddisfatte. Questo può avvenire attraverso la consegna fisica dell'asset sottostante o attraverso una liquidazione in contanti.

Opzione Stile Europeo vs Stile Americano: Mentre le opzioni di stile europeo possono essere esercitate solo alla loro data di scadenza, le opzioni di stile americano possono essere esercitate in qualsiasi momento prima della scadenza. Questa distinzione può influenzare il valore dell'opzione.

Covered Call e Protective Put: Un covered call si verifica quando un investitore vende un'opzione call possedendo anche l'asset sottostante corrispondente. D'altra parte, un protective put è quando un investitore acquista un'opzione put per proteggere un asset sottostante che possiede da un potenziale calo di prezzo.

Decadimento del Tempo: Tutte le opzioni perdono valore con il passare del tempo, un fenomeno noto come decadimento del tempo. Questo effetto è particolarmente pronunciato quando l'opzione si avvicina alla sua data di scadenza.

Arbitraggio: In rari casi, può presentarsi un'opportunità di arbitraggio nelle opzioni, dove gli investitori possono sfruttare le differenze di prezzo tra mercati diversi o tra l'opzione e il suo asset sottostante per realizzare un profitto senza rischio.

Queste terminologie e concetti ampliano ulteriormente il quadro delle opzioni, offrendo una visione più matizata del loro funzionamento, dei rischi e delle opportunità. Con un'efficace combinazione di queste conoscenze, un trader o un investitore può navigare con maggiore competenza nel complesso mondo delle opzioni.

Concludendo, la terminologia delle opzioni non è solo una serie di parole o frasi da ricordare, ma rappresenta il fondamento stesso per comprendere, analizzare e interagire con questo sofisticato strumento finanziario. La capacità di decifrare e utilizzare questi termini con competenza può determinare il successo o il fallimento di un investitore nel mercato delle opzioni.

L'**asset sottostante** forma la base di ogni contratto di opzione e definisce ciò che viene effettivamente scambiato. Questo potrebbe essere un'azione, un indice, una materia prima o qualsiasi altro asset finanziario.

Il **prezzo di esercizio (strike price)** è la soglia critica che determina se un'opzione ha un valore intrinseco o meno. Questa cifra, in combinazione con il prezzo corrente dell'asset sottostante, definisce lo stato "moneyness" dell'opzione: se è in-the-money, at-the-money o out-of-the-money.

Il **decadimento del tempo**, rappresentato dal Theta, è un aspetto ineluttabile delle opzioni. Poiché le opzioni hanno una data di scadenza, il tempo può erodere il loro valore, soprattutto se sono lontane dallo stato in-the-money. La consapevolezza di questo decadimento è cruciale, in quanto può influenzare le decisioni di trading a breve e lungo termine.

Gli altri "Greeks" - **Delta, Gamma, Vega e Rho** - forniscono ulteriori informazioni sulla sensibilità del prezzo delle opzioni rispetto a vari fattori, come il prezzo dell'asset sottostante, la volatilità e i tassi di interesse. Queste metriche sono fondamentali per coloro che desiderano utilizzare strategie di hedging o desiderano comprendere meglio il rischio associato a una determinata posizione nelle opzioni.

Le opzioni, con la loro leva, offrono grandi potenzialità di rendimento. Tuttavia, come per tutti gli strumenti finanziari, vengono con un rischio associato. Comprendere termini come **opzioni di barriera, opzioni binarie e opzioni esotiche**, così come le sottigliezze tra opzioni di stile europeo e americano, può aiutare gli investitori a navigare in questo paesaggio e a trovare la strategia giusta per le loro esigenze.

In sintesi, la terminologia delle opzioni non è solo una lista da memorizzare; è la chiave per comprendere un ambiente di trading dinamico e spesso complesso. Ogni termine, concetto e metrica fornisce un tassello del puzzle, e solo con una comprensione completa di tutti questi elementi, un investitore può sperare di avere successo nel mondo delle opzioni. Questa conoscenza non solo aiuta a decodificare il mercato, ma fornisce anche gli strumenti per interagire con esso in modo informato, strategico e, soprattutto, efficace.

4. Valutazione delle Opzioni: Modelli Black-Scholes, binomiali, ecc.

Valutazione delle Opzioni: Modelli Black-Scholes, binomiali, ecc.

Le opzioni sono strumenti finanziari derivati che offrono il diritto, ma non l'obbligo, di comprare o vendere un asset sottostante a un prezzo prestabilito (prezzo di esercizio) entro o in una determinata data (data di scadenza). Ma come si determina il prezzo giusto o "fair" di un'opzione? Questo è dove entra in gioco la valutazione delle opzioni. La valutazione è cruciale sia per i traders che per gli investitori, poiché consente di stabilire se un'opzione è sopravvalutata o sottovalutata in base alle condizioni di mercato correnti.

Modello Black-Scholes:
Questo è il modello di valutazione delle opzioni più conosciuto e ampiamente utilizzato. Fu

sviluppato nel 1973 da Fischer Black, Myron Scholes e Robert Merton.

Il modello Black-Scholes prende in considerazione vari fattori come:

- Il prezzo corrente dell'asset sottostante.
- Il prezzo di esercizio dell'opzione.
- Il tempo fino alla scadenza dell'opzione.
- I tassi di interesse senza rischio.
- La volatilità dell'asset sottostante.

In base a questi fattori, il modello genera un prezzo teorico per un'opzione europea call o put. Questo modello ha il vantaggio di essere matematicamente rigoroso e basato su principi finanziari ben stabiliti, ma presuppone anche una serie di condizioni, come log-normalità dei rendimenti e costanza della volatilità, che potrebbero non essere sempre presenti nella realtà.

Modello Binomiale:

Il modello binomiale è un altro metodo popolare per la valutazione delle opzioni. Questo modello si basa sull'idea di creare un albero binomiale dove, in ogni nodo o punto temporale, l'asset sottostante può salire o scendere di un certo importo. Questi movimenti sono calcolati in base alla volatilità dell'asset e al periodo di tempo fino alla scadenza.

Una delle principali differenze tra il modello binomiale e il Black-Scholes è che il primo può essere utilizzato per valutare opzioni americane, che possono essere esercitate in qualsiasi momento prima della scadenza, mentre il Black-Scholes è specificamente progettato per opzioni europee, che possono essere esercitate solo alla scadenza.

Il modello binomiale diventa più accurato man mano che si aggiungono più passi o nodi, ma ciò comporta anche un aumento della complessità computazionale.

Altri Modelli:

Oltre a Black-Scholes e al modello binomiale, esistono numerosi altri metodi di valutazione delle opzioni, tra cui:

- **Modello di volatilità stocastica**: Considera che la volatilità stessa può variare nel tempo e non è costante.

- **Modello Jump Diffusion**: Incorpora l'idea che i prezzi degli asset possono subire salti bruschi, oltre alle variazioni continue.

- **Modello Monte Carlo**: Utilizza simulazioni casuali per modellare i possibili percorsi futuri dell'asset sottostante e, quindi, determinare un prezzo per l'opzione.

Concludendo, la valutazione delle opzioni è un'area complessa e ricca di sfumature, che richiede una solida comprensione sia delle matematiche sia dei principi finanziari. Sebbene vi siano molteplici modelli a disposizione, è importante scegliere il modello più adatto in base al tipo di opzione e alle condizioni di mercato attuali. E, come sempre, è fondamentale tenere presente che ogni modello ha le sue ipotesi e limitazioni.

Mentre il modello Black-Scholes e il modello binomiale sono tra i più popolari e riconosciuti nell'ambito della valutazione delle opzioni, ci sono molti aspetti e sfaccettature che meritano una considerazione più approfondita.

Limitazioni del Modello Black-Scholes: Il modello Black-Scholes, pur essendo rivoluzionario e ampiamente utilizzato, ha delle criticità. Una delle principali ipotesi del modello è che la volatilità dell'asset sottostante sia costante, cosa che nella realtà non si verifica spesso. In mercati altamente volatili o in presenza di eventi economici significativi, la volatilità può variare notevolmente in breve tempo. Inoltre, il modello non tiene conto della possibilità di salti di prezzo o gap nel prezzo dell'asset sottostante.

La superficie di volatilità: Dato che la volatilità è un input chiave nel modello Black-Scholes, è fondamentale comprendere come essa venga effettivamente determinata nel mercato. In pratica, la volatilità non è uniforme per tutte le opzioni su uno stesso asset. Opzioni con diverse scadenze o diversi prezzi di esercizio possono avere diverse volatilità implicite. Questo fenomeno si riflette nella cosiddetta "superficie di volatilità", che traccia la volatilità implicita attraverso diverse scadenze e prezzi di esercizio. La forma di questa superficie può offrire preziose informazioni sui sentiment del mercato e sulle aspettative future.

Il sorriso di volatilità: Quando si osserva la volatilità implicita delle opzioni in funzione del prezzo di esercizio, si nota spesso che le opzioni deep out-of-the-money e deep in-the-money hanno volatilità superiori rispetto alle opzioni at-the-money. Questo fenomeno, rappresentato graficamente, assomiglia a un sorriso ed è quindi noto come "sorriso di volatilità". Esistono molte teorie su perché ciò si verifichi, inclusa la presenza di salti di prezzo o la percezione di eventi a coda spessa (eventi improbabili ma ad alto impatto).

Estensioni e Varianti del Modello Binomiale: Il modello binomiale, nella sua forma base, considera movimenti di prezzo equamente spaziati e simmetrici. Tuttavia, sono state sviluppate varianti per adattarsi a differenti situazioni. Ad esempio, il modello trinomiale, che aggiunge un terzo movimento possibile (il prezzo può salire, scendere o rimanere invariato), offrendo una maggiore flessibilità nel modellare l'evoluzione del prezzo.

Modelli per opzioni esotiche: Mentre i modelli sopra descritti sono generalmente utilizzati per opzioni vanilla (standard), esistono moltissime varianti di opzioni note come "esotiche". Queste possono avere caratteristiche uniche, come barriere di attivazione o scadenze multiple. La valutazione di queste opzioni richiede spesso approcci ad hoc o estensioni dei modelli esistenti. Ad esempio, per un'opzione barriera, dove l'opzione diventa attiva o inattiva una volta raggiunto un determinato prezzo dell'asset sottostante, potrebbero essere necessarie simulazioni Monte Carlo per determinare con precisione il prezzo dell'opzione. Infine, è importante sottolineare che, mentre i modelli forniscono preziose stime teoriche del prezzo delle opzioni, in realtà, il prezzo di mercato delle opzioni è determinato dalla domanda e dall'offerta nel mercato. Pertanto, le discrepanze tra il prezzo teorico e il prezzo di mercato possono sorgere a causa di fattori come la liquidità, l'asimmetria informativa o le aspettative degli investitori.

Effetti della Liquidità sul Prezzo delle Opzioni: Una delle realtà che gli operatori di mercato devono affrontare quotidianamente è la liquidità o la mancanza di essa. Una scarsa liquidità in un'opzione particolare può causare differenze significative tra il prezzo di acquisto (ask) e il prezzo di vendita (bid), noto come spread bid-ask. Questo spread può influenzare notevolmente il prezzo "effettivo" al quale un operatore può acquistare o vendere un'opzione. Le opzioni su asset molto liquidi, come titoli di grandi aziende o indici popolari, tendono ad avere spread bid-ask più stretti, mentre opzioni su asset meno noti o meno negoziati possono presentare spread più ampi.

Dividendi e Valutazione delle Opzioni: Quando si valuta il prezzo di un'opzione su un'azione, è essenziale considerare anche i dividendi. Se ci si aspetta che un'azione paghi un dividendo prima della scadenza di un'opzione, ciò può influenzare il prezzo dell'opzione. In generale, un dividendo previsto diminuirà il prezzo di una call option e aumenterà il prezzo di una put option, tutto il resto rimanendo invariato. Questo perché il pagamento del dividendo riduce il prezzo dell'azione sottostante, rendendo meno probabile che una call option finisca in-the-money e più probabile che una put option lo faccia.

Tassi di Interesse e le Opzioni: I tassi di interesse sono un altro fattore fondamentale nella valutazione delle opzioni. La ragione è che il valore delle opzioni è influenzato dal valore attuale dei pagamenti futuri. Quando i tassi di interesse aumentano, il valore attuale dei flussi di cassa futuri diminuisce, influenzando così il prezzo delle opzioni. In particolare, un aumento dei tassi di interesse tende a aumentare il prezzo delle call options e a diminuire il prezzo delle put options.

Impatto delle Notizie e degli Eventi: Nel mondo reale, le notizie e gli eventi possono avere un impatto significativo sulla volatilità dell'asset sottostante e, di conseguenza, sul prezzo delle opzioni. Ad esempio, annunci riguardo a fusioni e acquisizioni, rapporti sugli utili o cambiamenti normativi possono causare improvvisi picchi di volatilità. Gli operatori devono essere pronti a adattarsi a queste situazioni, e la valutazione delle opzioni può richiedere l'aggiustamento dei parametri di volatilità per tener conto di queste nuove informazioni.

Correlazione e Portafoglio di Opzioni: Quando si possiedono opzioni su più asset, è importante considerare la correlazione tra questi asset. Se due asset sono perfettamente correlati, si muoveranno insieme, e il rischio complessivo del portafoglio potrebbe non essere diversificato come si potrebbe pensare inizialmente. Allo stesso modo, se due asset sono negativamente correlati, possono offrire un naturale hedge l'uno contro l'altro. La correlazione tra gli asset influenzerà la valutazione del portafoglio di opzioni complessivo e può essere un fattore chiave nella gestione del rischio.

Nel complesso, la valutazione delle opzioni è un campo vasto e multidimensionale. Va ben oltre l'applicazione di una singola formula o modello. Richiede una comprensione profonda dei mercati finanziari, della matematica e della psicologia degli investitori.

La valutazione delle opzioni è una combinazione di scienza e arte. L'obiettivo di tale valutazione è di determinare il valore "giusto" o teorico di un'opzione, basandosi su vari fattori che influenzano il suo prezzo. Mentre esistono modelli matematici sofisticati come il Black-Scholes e il modello binomiale, la realtà pratica di come le opzioni vengono valutate e negoziate sul mercato può variare a causa di una serie di fattori reali e percezioni degli investitori.

Sintesi dei Principali Modelli:

- **Modello Black-Scholes**: Introdotta nel 1973 da Fischer Black, Myron Scholes e Robert Merton, questa formula ha rivoluzionato il modo in cui le opzioni venivano valutate e ha dato origine a un'enorme crescita nel mercato delle opzioni. La sua principale caratteristica è fornire una soluzione chiusa per il prezzo delle opzioni europee. Tuttavia, come menzionato, ha le sue limitazioni, soprattutto riguardo alle ipotesi di volatilità costante e log-normalità dei rendimenti.

- **Modello binomiale**: Questo modello si basa sull'idea che, in ogni periodo, l'asset sottostante può muoversi su o giù di un certo importo. Mediante l'uso di alberi binomiali, gli analisti possono tracciare potenziali percorsi futuri del prezzo dell'asset e calcolare il valore dell'opzione a ogni nodo. È particolarmente utile per valutare opzioni americane, che possono essere esercitate prima della scadenza.

Fattori che influenzano il prezzo delle opzioni:

- **Volatilità**: È uno dei fattori più critici nella valutazione delle opzioni. Una maggiore volatilità aumenta la probabilità che l'opzione finisca in-the-money, elevando così il suo prezzo. La volatilità può essere storica (basata su dati passati) o implicita (derivata dai prezzi attuali delle opzioni sul mercato).

- **Tasso di interesse**: Un tasso di interesse più alto aumenta il costo dell'opportunità di detenere denaro piuttosto che investire, influenzando così indirettamente il prezzo delle opzioni.

- **Dividendi**: Gli attesi pagamenti di dividendi possono abbassare il prezzo delle call options e aumentare il prezzo delle put options, dato che i dividendi riducono il prezzo dell'asset sottostante.
- **Tempo alla scadenza**: In generale, più tempo rimane alla scadenza, maggiore è il valore temporale dell'opzione, rendendola più cara.

In conclusione, la valutazione delle opzioni è un processo dinamico e multifaccettato che richiede una comprensione approfondita sia delle tecniche matematiche sia dei fattori di mercato. Gli operatori e gli analisti devono essere consapevoli delle limitazioni dei modelli e pronti a adattarsi ai cambiamenti delle condizioni di mercato. La capacità di valutare correttamente le opzioni può offrire opportunità significative, ma viene anche con il rischio di potenziali perdite se le valutazioni si rivelano inesatte. In ogni caso, la formazione continua e l'esperienza pratica sono essenziali per avere successo nel campo delle opzioni.

5. Strategie di Base: Long Call, Long Put, Short Call, Short Put.

Strategie di Base con le Opzioni

Nel mondo delle opzioni, esistono numerose strategie che possono essere implementate per sfruttare le varie aspettative sull'andamento del mercato. Tuttavia, inizieremo con quattro delle strategie più fondamentali che costituiscono le basi per comprenderne di più complesse. Queste sono: Long Call, Long Put, Short Call e Short Put.

1. **Long Call**:
   - **Descrizione**: Acquistare un'opzione call significa acquistare il diritto, ma non l'obbligo, di acquistare un'azione (o altro asset sottostante) a un prezzo predeterminato (chiamato "strike price") entro una data specifica.
   - **Aspettativa**: L'investitore si aspetta che il prezzo dell'asset sottostante aumenti.
   - **Profitto e Perdita**: Il profitto massimo è illimitato, poiché l'investitore beneficerà di ogni ulteriore aumento del prezzo dell'asset sottostante. La perdita è limitata al premio pagato per l'opzione.
   - **Rischio**: Se l'opzione non viene esercitata o venduta prima della scadenza, può scadere senza valore, portando alla perdita dell'intero premio pagato.

2. **Long Put**:
   - **Descrizione**: Acquistare un'opzione put significa acquistare il diritto, ma non l'obbligo, di vendere un'azione (o altro asset sottostante) a un prezzo predeterminato entro una data specifica.
   - **Aspettativa**: L'investitore si aspetta che il prezzo dell'asset sottostante diminuisca.
   - **Profitto e Perdita**: Il profitto massimo è limitato allo strike price meno il premio pagato. La perdita è limitata al premio pagato per l'opzione.
   - **Rischio**: Analogamente alla long call, se l'opzione non viene esercitata o venduta prima della scadenza, può scadere senza valore.
3. **Short Call**:
   - **Descrizione**: Vendere un'opzione call significa assumere l'obbligo di vendere l'asset sottostante al detentore dell'opzione call, se questa viene esercitata.
   - **Aspettativa**: L'investitore si aspetta che il prezzo dell'asset sottostante rimanga stabile o diminuisca.
   - **Profitto e Perdita**: Il profitto massimo è limitato al premio ricevuto per la vendita dell'opzione. La perdita potenziale è illimitata, dato che l'investitore sarà

responsabile per qualsiasi aumento nel prezzo dell'asset sottostante.

- **Rischio**: Questa è una strategia con un rischio potenzialmente elevato, poiché la perdita può essere significativa se l'asset sottostante dovesse aumentare di valore.

4. **Short Put**:
   - **Descrizione**: Vendere un'opzione put significa assumere l'obbligo di acquistare l'asset sottostante dal detentore dell'opzione put, se questa viene esercitata.
   - **Aspettativa**: L'investitore si aspetta che il prezzo dell'asset sottostante rimanga stabile o aumenti.
   - **Profitto e Perdita**: Il profitto massimo è limitato al premio ricevuto per la vendita dell'opzione. La perdita massima è limitata allo strike price meno il premio ricevuto, se l'asset sottostante dovesse scendere a zero.
   - **Rischio**: L'investitore rischia di dover acquistare l'asset sottostante a un prezzo superiore al valore di mercato corrente se l'opzione viene esercitata.

In sintesi, queste quattro strategie di base offrono agli investitori una gamma di possibilità per sfruttare le proprie opinioni sul mercato. Tuttavia, è essenziale comprendere i rischi associati a ogni strategia e assicurarsi di utilizzare opzioni in modo responsabile e informato. Oltre a queste strategie fondamentali, esistono numerose altre strategie combinate e più avanzate che gli investitori possono utilizzare a seconda delle condizioni di mercato e delle proprie aspettative.

Le strategie di base con le opzioni, come Long Call, Long Put, Short Call e Short Put, rappresentano le fondamenta su cui vengono costruite molte altre strategie più complesse. Approfondendo ulteriormente questi concetti, possiamo esplorare come i diversi fattori del mercato e le condizioni economiche influenzino l'efficacia e l'utilizzo di queste strategie.

Considerazioni sulle strategie di base:

1. **Volatilità Implicita**: La volatilità implicita è un parametro cruciale nella valutazione delle opzioni. Ad esempio, un aumento della volatilità implicita può aumentare il prezzo di un'opzione, rendendo la strategia Long Call o Long Put più costosa da implementare. Al contrario, per chi vende opzioni (Short Call o Short Put), una volatilità elevata può significare premi più alti, rendendo la vendita di opzioni più allettante. Tuttavia, ciò comporta anche un rischio maggiore, poiché la volatilità elevata indica una maggiore incertezza sul mercato.

2. **Greci delle Opzioni**: I "greci" delle opzioni, come Delta, Gamma, Theta, Vega e Rho, sono

strumenti essenziali per gestire e comprendere il rischio associato alle posizioni sulle opzioni. Ad esempio, il Delta misura la sensibilità del prezzo dell'opzione ai movimenti del prezzo dell'asset sottostante. Un trader che implementa una strategia Long Call potrebbe monitorare il Delta per comprendere quanto la sua posizione beneficerà di un movimento rialzista dell'asset sottostante.

3. **Scelta dello Strike Price**: La decisione sullo strike price giusto può influenzare notevolmente il successo di una strategia. Le opzioni possono essere classificate come in-the-money (ITM), at-the-money (ATM) o out-of-the-money (OTM) in base al loro strike price rispetto al prezzo corrente dell'asset sottostante. Ad esempio, un trader che si aspetta un grande movimento nel prezzo dell'asset sottostante potrebbe optare per una Long Call con uno strike price OTM, sperando in un ritorno significativo.

4. **Scelta della data di scadenza**: Le opzioni sono strumenti finanziari derivati con una durata limitata. La decisione sulla scadenza appropriata può influenzare il costo e il potenziale ritorno di un'opzione. Opzioni con scadenze più lunghe tendono ad avere premi più elevati a causa del valore temporale aggiunto. Tuttavia, sono anche più sensibili ai cambiamenti nella volatilità implicita.

5. **Fattori esterni**: Eventi come annunci sui tassi di interesse, rapporti sugli utili delle aziende, tensioni geopolitiche e altri fattori macroeconomici possono influenzare la percezione del mercato e, di conseguenza, i prezzi delle opzioni. I trader potrebbero adottare strategie di opzioni specifiche in anticipo rispetto a questi eventi per sfruttare o proteggere le loro posizioni.

6. **Utilizzo combinato**: Mentre queste strategie possono essere utilizzate individualmente, spesso vengono combinate per creare strategie più complesse, come spread, straddle e strangle, che consentono ai trader di sfruttare o proteggere le loro posizioni in vari scenari di mercato.

7. **Costi e commissioni**: Ogni volta che si entra o si esce da una posizione sulle opzioni, possono sorgere costi associati. È essenziale tener conto delle commissioni e dei costi di negoziazione al momento della pianificazione e della valutazione delle strategie di opzioni.

Le strategie di base con le opzioni offrono una flessibilità significativa agli investitori, consentendo loro di sfruttare diverse aspettative del mercato, proteggere le posizioni esistenti o generare entrate. Tuttavia, come per qualsiasi strumento finanziario, viene anche con un insieme di rischi che devono essere compresi e gestiti in modo appropriato.

Nel vasto universo delle opzioni, la comprensione delle strategie di base, come Long Call, Long Put, Short Call e Short Put, fornisce una solida base da cui partire. Tuttavia, quando si esplora ulteriormente, si svelano numerosi aspetti che possono arricchire la nostra comprensione e approfondire la nostra abilità nell'utilizzo di tali strumenti.

Fattori di mercato e loro impatto sulle strategie di base:

1. **Interesse aperto e volume**: L'interesse aperto si riferisce al numero totale di contratti di opzione che sono attualmente aperti e non ancora risolti. Un interesse aperto elevato indica che vi è una maggiore attività e interesse per quella specifica opzione. Il volume, invece, rappresenta il numero di contratti scambiati in una particolare sessione di trading. Un alto volume può indicare liquidità, il che può rendere più facile l'ingresso o l'uscita da una posizione.

2. **Dividendi**: Se l'asset sottostante di un'opzione è un'azione che paga dividendi, questo può avere un impatto sul prezzo delle opzioni. Ad esempio, se un'azione sta per pagare un dividendo, potrebbe esserci un aumento della domanda di opzioni Put poco prima della data ex-dividendo.

3. **Tasso d'interesse**: I tassi d'interesse possono influire sul prezzo delle opzioni, in particolare sulle opzioni con scadenze più lunghe. Quando i

tassi d'interesse aumentano, le opzioni Call tendono a diventare più costose, mentre le opzioni Put tendono a diventare meno costose.

4. **Arbitraggio**: In certe condizioni, potrebbe emergere l'opportunità di arbitraggio, dove un trader può sfruttare differenze di prezzo tra mercati o strumenti correlati. Ad esempio, potrebbe esistere una discrepanza tra il prezzo di un'opzione e il suo valore teorico, creando un'opportunità di arbitraggio.

5. **Margini e leva**: Quando si vendono opzioni (come nel caso di Short Call o Short Put), il broker potrebbe richiedere un margine come garanzia contro potenziali perdite. Questo margine rappresenta una frazione del valore totale del contratto e varia in base alla strategia utilizzata e al broker. La leva, che rappresenta l'importo dell'esposizione rispetto al capitale investito, può amplificare sia i profitti che le perdite.

6. **Protezione del portafoglio**: Le opzioni possono essere utilizzate come strumento di protezione. Ad esempio, un investitore che detiene un portafoglio di azioni potrebbe utilizzare una Long Put come "assicurazione" contro un possibile calo del mercato. Questa strategia è spesso definita come "put protettiva".

7. **Impatto fiscale**: Le opzioni, come altri investimenti, hanno considerazioni fiscali. In

molte giurisdizioni, la durata di un investimento in opzioni può determinare se il guadagno o la perdita vengono trattati come reddito da capitale o reddito ordinario.

8. **Liquide vs. illiquide**: Non tutte le opzioni sono negoziate con lo stesso grado di liquidità. Alcune opzioni su azioni meno note o su indici meno popolari potrebbero avere spread bid-ask più ampi o un volume di negoziazione inferiore, rendendo più difficile per l'investitore entrare o uscire da una posizione a un prezzo favorevole. La comprensione e l'applicazione efficace delle strategie di base delle opzioni richiedono una profonda conoscenza dei molteplici fattori che influenzano il mercato delle opzioni. Ogni dettaglio, dalle dinamiche macroeconomiche ai dettagli tecnici delle opzioni stesse, può avere un impatto sulla redditività e sul rischio associato a una strategia specifica.

La profondità e la complessità del mercato delle opzioni sono vastissime, e ogni sfaccettatura potrebbe influenzare l'approccio di un investitore alle strategie di base delle opzioni. Analizziamo ulteriormente alcuni aspetti meno discussi ma altrettanto cruciali che un trader potrebbe considerare nel suo percorso di apprendimento e pratica.

Aspetti avanzati delle strategie di base:

1. **Skew di volatilità**: Il "skew" si riferisce alla variazione della volatilità implicita attraverso diversi strike price di una stessa scadenza. In genere, nel mercato delle opzioni, potresti notare che le opzioni put out-of-the-money (OTM) hanno una volatilità implicita superiore rispetto alle call OTM. Questo fenomeno si verifica a causa della percezione di un rischio maggiore di eventi negativi significativi (cioè crash del mercato). Un trader dovrebbe tener conto dello skew quando valuta il costo relativo delle opzioni su diversi strike price.

2. **Effetti dei cambiamenti normativi**: A seconda della giurisdizione, ci potrebbero essere cambiamenti nelle leggi e nelle normative che influiscono sulle opzioni. Questi possono riguardare margini, tassazione o persino chi può negoziare certi tipi di opzioni. Mantenersi aggiornati su questi sviluppi è essenziale per evitare sorprese indesiderate.

3. **Contango e backwardation**: Questi termini sono più spesso associati ai mercati dei futures, ma possono avere un impatto anche sulle opzioni, in particolare quando le opzioni sono scritte su future come sottostante. Il contango si verifica quando i prezzi dei futures per le scadenze future sono superiori ai prezzi attesi al momento della scadenza, mentre la

backwardation è l'opposto. Queste dinamiche possono influenzare il prezzo delle opzioni correlate.

4. **Event-driven strategies**: Mentre alcune strategie di opzioni sono basate su aspettative di lungo termine o su previsioni di tendenza, altre sono basate su eventi specifici. Questi potrebbero includere annunci di fusione e acquisizione, rilasci di dati economici, o persino annunci di prodotti da parte di grandi aziende. La capacità di prevedere e reagire rapidamente a questi eventi può offrire opportunità uniche per i trader di opzioni.

5. **Ambiente macroeconomico**: Fattori come inflazione, politiche monetarie delle banche centrali e tensioni geopolitiche possono influenzare direttamente l'andamento dei mercati e, di conseguenza, le strategie di opzioni. Ad esempio, in un ambiente di tassi d'interesse crescenti, le aziende fortemente indebitate potrebbero vedere una diminuzione del loro valore azionario, influenzando il prezzo delle opzioni correlate.

6. **Psicologia del trader**: Non meno importante, la psicologia svolge un ruolo cruciale nella negoziazione di opzioni. Gestire il proprio temperamento, evitare decisioni impulsività e mantenere una mentalità disciplinata sono fondamentali per avere successo a lungo termine.

Ad esempio, in una posizione Short Put, se il mercato si muove contro di te, la capacità di valutare obiettivamente la situazione piuttosto che reagire emotivamente può fare la differenza tra una perdita contenuta e una catastrofe finanziaria.

Ogni aspetto del trading di opzioni può sembrare un ingranaggio in una macchina molto più grande. L'intreccio di fattori tecnici, economici, regolamentari e psicologici crea un ecosistema in cui il trader di opzioni deve navigare con cura e precisione. E mentre le strategie di base delle opzioni sono la porta d'ingresso in questo mondo, la vera maestria si trova nel comprendere e sfruttare la miriade di variabili che influenzano il mercato delle opzioni ogni giorno.

La comprensione delle strategie di base nel trading di opzioni, quali Long Call, Long Put, Short Call e Short Put, rappresenta solo la punta dell'iceberg nel complesso mondo delle opzioni. Come abbiamo visto, una moltitudine di fattori interagisce costantemente, influenzando la dinamica dei prezzi e la percezione del rischio nel mercato.

Sintesi e conclusioni sulle strategie di base:

1. **Dinamica delle strategie**:
   - **Long Call**: Acquistare un'opzione Call significa avere il diritto, ma non l'obbligo, di acquistare l'asset sottostante a un prezzo prestabilito. È una posizione che scommette su un aumento del prezzo del sottostante.
   - **Long Put**: Acquistare un'opzione Put dà il diritto, ma non l'obbligo, di vendere l'asset sottostante a un determinato prezzo. Rappresenta una posizione bearish.
   - **Short Call**: Vendendo un'opzione Call, si assume l'obbligo di vendere l'asset sottostante a un prezzo prestabilito se l'acquirente dell'opzione decide di esercitare il suo diritto. Si tratta di una scommessa su un mercato laterale o in calo.
   - **Short Put**: Vendendo un'opzione Put, si ha l'obbligo di acquistare l'asset sottostante a un prezzo prestabilito se l'acquirente dell'opzione decide di esercitarla. Si punta a un mercato stabile o in rialzo.
2. **Fattori esterni**:
   - Le dinamiche macroeconomiche, come le politiche monetarie, possono avere un impatto diretto sul valore delle opzioni.

- Gli eventi specifici al mercato, come annunci aziendali o dati economici, possono causare variazioni di prezzo a breve termine, offrendo opportunità per i trader di opzioni.

3. **Fattori interni**:

   - Aspetti come il skew di volatilità e le dinamiche tra contango e backwardation possono influenzare la valutazione delle opzioni.

   - La psicologia del trader ha un ruolo fondamentale nel determinare il successo o il fallimento. La disciplina, la gestione del rischio e l'autocontrollo sono essenziali per navigare con successo nel mercato delle opzioni.

4. **Considerazioni finali**:

   - Pur essendo fondamentali, le strategie di base sono solo l'inizio. Un trader di opzioni efficace e informato si impegnerà continuamente nell'educazione e nell'analisi, tenendo d'occhio sia i dettagli granulari del mercato delle opzioni che l'ampio panorama economico e finanziario.

   - Come in tutti gli investimenti, il trading di opzioni presenta rischi. Una comprensione approfondita e l'uso strategico delle informazioni possono aiutare a mitigare

tali rischi, ma non eliminarli
completamente.

In definitiva, le opzioni sono strumenti potenti e
versatili che, quando utilizzati correttamente,
possono offrire opportunità di profitto e
protezione. Tuttavia, richiedono un impegno
significativo per la comprensione e l'analisi, e i
trader devono essere preparati ad adattarsi
costantemente in un ambiente di mercato in
evoluzione.

6. Strategie Combinate: Spreads, Straddles,
Strangles, Iron Condor, ecc.

Le strategie combinate nel trading di opzioni
sono usate per sfruttare determinate condizioni
di mercato, per ridurre il rischio o per creare
profili di rendimento asimmetrici. Queste
strategie possono essere composte da due o più
posizioni in opzioni di diversi tipi, scadenze o
prezzi di esercizio. Vediamo alcune delle strategie
combinate più comuni:

1. **Spreads**:
   - **Bull Spread**: Questa strategia può essere
     creata usando call o put. In un Bull Call
     Spread, si acquista una call a un certo
     prezzo di esercizio e si vende una call con
     un prezzo di esercizio superiore. Si

beneficia di un aumento moderato del prezzo del sottostante.

- **Bear Spread**: Anche questa può essere implementata con call o put. Nel Bear Put Spread, ad esempio, si acquista una put a un determinato prezzo di esercizio e si vende una put con un prezzo di esercizio inferiore. Si beneficia di un calo moderato del prezzo del sottostante.

2. **Straddles**:

- **Long Straddle**: Questa strategia è usata quando ci si aspetta una grande variazione del prezzo del sottostante, ma non si è sicuri della direzione. Si acquista sia una call che una put con lo stesso prezzo di esercizio e stessa scadenza.

- **Short Straddle**: Qui, ci si aspetta poca o nessuna variazione nel prezzo del sottostante. Si vende sia una call che una put con lo stesso prezzo di esercizio e stessa scadenza.

3. **Strangles**:

- **Long Strangle**: Simile al Long Straddle, ma le opzioni acquistate hanno prezzi di esercizio diversi. Si beneficia di una grande variazione del prezzo, senza essere sicuri della direzione.

- **Short Strangle**: Si vende una call e una put con prezzi di esercizio diversi, aspettandosi che il prezzo del sottostante rimanga all'interno di un certo intervallo.

4. **Iron Condor**:

   - Si tratta di una strategia avanzata che combina un Bull Put Spread e un Bear Call Spread. Si beneficia quando il sottostante rimane all'interno di un intervallo specifico fino alla scadenza.

Queste strategie rappresentano solo una frazione delle molteplici combinazioni possibili nel mercato delle opzioni. Ciò che le rende potenti è la loro capacità di creare profili di rendimento personalizzati, che possono beneficiare di una varietà di scenari di mercato.

Tuttavia, con la potenziale ricompensa viene anche un rischio. Queste strategie possono diventare complesse e potrebbero non essere adatte a tutti gli investitori. Prima di impegnarsi in qualsiasi strategia, è essenziale comprendere pienamente i rischi e i potenziali rendimenti, e considerare se si adatta al proprio profilo di rischio e obiettivi di investimento.

Le strategie combinate di opzioni, come abbiamo già esaminato, forniscono ai trader e agli investitori un vasto ventaglio di opportunità per adattarsi alle condizioni di mercato, sfruttare le proprie opinioni o proteggere altre posizioni nel proprio portafoglio. Oltre a quanto già menzionato, esistono altre sfumature e strategie che meritano attenzione:

Butterfly Spread: Il Butterfly Spread è una strategia neutrale che si aspetta che il prezzo del sottostante rimanga stabile o cambi leggermente. Questa strategia può essere implementata sia con call che con put. In un Butterfly Spread con le call, si acquista una call a un prezzo di esercizio basso, si vendono due call a un prezzo di esercizio medio e si acquista una call a un prezzo di esercizio alto. Tutte le opzioni devono avere la stessa data di scadenza.

Calendar Spread (or Time Spread): Il Calendar Spread sfrutta le differenze nel decadimento temporale delle opzioni con diverse date di scadenza. Questa strategia consiste nell'acquistare e vendere due opzioni dello stesso tipo, con lo stesso prezzo di esercizio, ma con date di scadenza diverse. Di solito, si vende un'opzione a breve termine e si acquista un'opzione a lungo termine.

Ratio Spread: Nel Ratio Spread, si acquista (o si vende) un numero di opzioni e si vende (o si acquista) un numero maggiore di opzioni con un prezzo di esercizio diverso. Questa è una strategia avanzata che può essere simmetrica o asimmetrica, a seconda di come viene configurata.

Risk Reversal (or Synthetic Long or Short Stock): Il Risk Reversal è una strategia che combina l'acquisto di una call e la vendita di una put, o viceversa. Questo crea un profilo di rendimento simile a possedere l'azione stessa (se si usa la call) o a vendere allo scoperto l'azione (se si usa la put).

Condor: Simile all'Iron Condor, il Condor standard utilizza solo call o solo put, piuttosto che una combinazione di entrambe. Ciò consente ai trader di sfruttare i piccoli movimenti di prezzo in un mercato laterale.

Box Spread: Questa è una strategia di arbitraggio che combina un Bull Spread con un Bear Spread. Se perfettamente eseguito, il Box Spread può generare un profitto senza rischio.

Alfa e Beta nel Trading di Opzioni: Alfa rappresenta il rendimento in eccesso di un investimento rispetto a un benchmark di riferimento, mentre Beta misura la reattività o la sensibilità di un investimento rispetto a un benchmark. Conoscere e comprendere questi concetti può aiutare a valutare come una strategia di opzioni potrebbe comportarsi in relazione al mercato nel suo complesso.

È anche essenziale sottolineare l'importanza della liquidità nel trading di opzioni. Strategie complesse potrebbero richiedere opzioni su sottostanti che non sono ampiamente negoziati, il che potrebbe rendere difficile entrare o uscire da una posizione al prezzo desiderato.

Diagonal Spread: Il Diagonal Spread è una variante del Calendar Spread. Mentre un Calendar Spread sfrutta le differenze nel decadimento temporale delle opzioni con diverse date di scadenza, ma con lo stesso prezzo di esercizio, un Diagonal Spread combina opzioni con date di scadenza e prezzi di esercizio diversi. Ciò offre un profilo di rischio/rendimento leggermente diverso, con maggiori opportunità di profitto ma anche con un rischio potenzialmente maggiore.

Collar: Una strategia di Collar viene utilizzata per proteggere un investimento in azioni esistenti. Consiste nell'acquisto di un'opzione put e nella vendita di un'opzione call, entrambe con la stessa data di scadenza. Questa combinazione crea una protezione per il portafoglio, limitando sia il potenziale upside che il downside.

Covered Call: Uno dei modi più comuni per generare un reddito extra da un portafoglio azionario esistente è attraverso la vendita di call coperte. In questa strategia, un investitore vende opzioni call contro azioni che già possiede. Questo fornisce un premio, ma l'investitore si impegna a vendere le azioni al prezzo di esercizio se l'opzione viene esercitata.

Protective Put: Simile alla strategia del Collar, ma senza la vendita di una call. L'acquisto di una put protegge l'investimento in azioni contro una potenziale caduta del prezzo. Si tratta essenzialmente di un'assicurazione per il portafoglio azionario.

Guts: Una strategia meno conosciuta, il Guts consiste nell'acquistare (o vendere) una call in-the-money (ITM) e una put ITM, entrambe con la stessa data di scadenza ma con prezzi di esercizio diversi. È simile a un Strangle, ma utilizza opzioni ITM piuttosto che out-of-the-money (OTM).

Management del Rischio: Nel trading di opzioni, come in qualsiasi forma di investimento, il management del rischio è fondamentale. Prima di implementare qualsiasi strategia, è essenziale valutare il potenziale upside e downside e determinare se la strategia si allinea agli obiettivi e al profilo di rischio dell'investitore. Questo può includere l'uso di stop loss, l'allocazione di una certa percentuale del portafoglio a una particolare strategia o l'uso di strategie combinate per proteggere altre posizioni.

Effetto della Volatilità: La volatilità è un fattore chiave nel pricing delle opzioni. Quando la volatilità è alta, i premi delle opzioni tendono ad aumentare, rendendo costoso l'acquisto di opzioni ma potenzialmente redditizio la vendita di opzioni. D'altra parte, quando la volatilità è bassa, potrebbe essere un momento opportuno per acquistare opzioni in previsione di un aumento della volatilità. Le strategie come il Straddle o il Strangle possono beneficiare di un aumento della volatilità, mentre le strategie di vendita come il Covered Call o il Short Straddle potrebbero beneficiare di una diminuzione della volatilità.

Le strategie combinate offrono una vasta gamma di opportunità per sfruttare diverse condizioni di mercato e opinioni sul sottostante. Tuttavia, come sempre, viene anche con una serie di rischi. La comprensione profonda delle dinamiche del mercato, della terminologia delle opzioni e dei fattori che influenzano il pricing delle opzioni è essenziale per avere successo nel trading di opzioni combinate.

Perfetto, continueremo a esplorare ulteriormente le strategie combinate nel trading di opzioni, nonché alcune delle considerazioni e dei dettagli più sottili che possono influenzare il loro successo:

Condizioni di Mercato e Timing: Mentre alcune strategie di opzioni sono ideali per mercati in rialzo, altre sono più adatte a mercati in ribasso o laterali. Ad esempio, uno Strangle può essere particolarmente efficace in un mercato volatile con movimenti di prezzo significativi in entrambe le direzioni, mentre uno Spread Calendar può trarre vantaggio da un mercato laterale con pochi movimenti di prezzo. La capacità di prevedere le condizioni del mercato e di adattare la strategia di conseguenza è essenziale per ottenere rendimenti consistenti.

Delta e Gamma: Nel mondo delle opzioni, Delta rappresenta la sensibilità del prezzo di un'opzione rispetto a un cambiamento nel prezzo del sottostante. Gamma, d'altra parte, rappresenta la velocità con cui Delta cambia rispetto a un cambiamento nel sottostante. Entrambi questi "greche" (termini usati nel trading di opzioni per descrivere vari fattori che influenzano il valore delle opzioni) giocano un ruolo cruciale nella gestione e nella comprensione del rischio e del potenziale rendimento delle strategie combinate.

Theta e Decay Temporale: Un altro "greco" vitale è Theta, che rappresenta il decadimento temporale delle opzioni. Con il passare del tempo, tutte le opzioni perdono valore, e questo decadimento temporale accelera man mano che l'opzione si avvicina alla sua data di scadenza. Strategie come il Covered Call possono beneficiare del decadimento temporale, poiché l'opzione venduta perderà valore più rapidamente rispetto all'opzione acquistata.

Vega e Sensibilità alla Volatilità: Vega misura quanto il prezzo di un'opzione cambierà in risposta a una variazione dell'1% della volatilità implicita. Strategie che comprano opzioni, come i Straddles o i Strangles, tendono ad avere una posizione Vega positiva, il che significa che beneficiano di un aumento della volatilità implicita. D'altra parte, strategie che vendono opzioni, come Iron Condors o Butterflies, tendono ad avere una posizione Vega negativa e quindi possono beneficiare di una diminuzione della volatilità implicita.

Rollover e Gestione delle Posizioni: In alcune situazioni, potrebbe essere vantaggioso "rollare" una posizione, cioè chiudere una posizione di opzione e aprire un'altra con una data di scadenza o un prezzo di esercizio diverso. Questo può estendere la durata di una posizione, bloccare i profitti o ridurre le potenziali perdite. Ad esempio, se si ha un Covered Call e l'opzione venduta sta per essere esercitata, si potrebbe decidere di comprare indietro quella call e venderne un'altra con una data di scadenza successiva, spostando così la responsabilità di vendere le azioni a una data futura.

Aspetti Fiscali e Commissioni: Anche se questo aspetto può sembrare secondario, è essenziale considerare le implicazioni fiscali e le commissioni associate al trading di opzioni.

Strategie complesse che coinvolgono molteplici transazioni possono accumulare commissioni significative che potrebbero erodere i potenziali profitti. Inoltre, la frequenza delle transazioni e la durata delle posizioni possono avere implicazioni fiscali, come tasse su guadagni a breve termine rispetto a guadagni a lungo termine.

Nel complesso, le strategie combinate offrono opportunità uniche nel panorama del trading di opzioni, ma richiedono una profonda comprensione e una gestione attiva per navigare con successo attraverso le complessità del mercato.

Selezione del Sottostante: Il sottostante scelto può avere un impatto significativo sul successo delle strategie combinate. Non tutti i sottostanti sono ideali per ogni strategia. Ad esempio, per le strategie che si basano sulla volatilità, potrebbe essere preferibile un sottostante con una storia di volatilità elevata. E' essenziale esaminare la liquidità, il volume di scambio, la storia dei prezzi e le notizie pertinenti quando si sceglie un sottostante per una strategia combinata.

Breakeven Point: Il punto di pareggio rappresenta il livello di prezzo del sottostante in cui un trader non guadagna né perde. Calcolare e comprendere il punto di pareggio di una strategia è essenziale. Ad esempio, in uno Spread verticale, il punto di pareggio sarà influenzato dai premi ricevuti e pagati per le opzioni acquistate e vendute.

Leverage (Leva Finanziaria): Le opzioni sono strumenti derivati che permettono ai trader di controllare una quantità significativa di un sottostante con una frazione del costo. Questa capacità di controllare una grande quantità di sottostante con un piccolo investimento iniziale è nota come leva finanziaria. Mentre la leva può aumentare i potenziali rendimenti, può anche amplificare le potenziali perdite, rendendo essenziale una gestione del rischio adeguata.

Rischio di Assegnazione e Esercizio: Quando si tratta di opzioni americane, c'è sempre il rischio che l'opzione venduta venga esercitata prima della scadenza. Questo può accadere se l'opzione è profondamente "in-the-money". Questo rischio è particolarmente rilevante per strategie come gli Iron Condors o gli Spreads verticale, dove si vendono opzioni allo scoperto. La comprensione e la preparazione per il rischio di assegnazione ed esercizio precoce sono cruciali.

Margin Requirements (Requisiti di Margine): Molte strategie combinate richiedono un margine, che rappresenta una quantità di capitale che deve essere mantenuta nel conto per coprire potenziali perdite. Ad esempio, vendere una Put nuda richiede che il trader abbia un margine sufficiente per coprire l'acquisto del sottostante al prezzo di esercizio se l'opzione viene esercitata. Il requisito di margine può variare in base al broker, alla strategia utilizzata e alla volatilità del mercato.

Considerazioni Psicologiche: Il trading di opzioni e l'uso di strategie combinate possono essere emotivamente impegnativi. La tentazione di modificare o uscire da una strategia in risposta a brevi movimenti di mercato può essere forte. Tuttavia, è essenziale avere una visione a lungo termine e attenersi al piano di trading stabilito, a meno che non ci siano cambiamenti significativi nelle condizioni di mercato o nel profilo di rischio.

Effetto delle Notizie e degli Eventi Esterni: Eventi imprevisti, come annunci economici, decisioni delle banche centrali, disastri naturali o tensioni geopolitiche, possono avere un forte impatto sui mercati e, di conseguenza, sulle posizioni delle opzioni. Mentre non è possibile prevedere questi eventi, è importante avere strategie di gestione del rischio in atto, come l'uso di stop loss o la diversificazione delle posizioni.

Nell'approfondire le strategie combinate nel trading di opzioni, si evidenzia l'importanza di una formazione continua, di una gestione del rischio solida e di una comprensione approfondita dei molteplici fattori che possono influenzare l'andamento del mercato e, di conseguenza, il valore delle opzioni.

Conclusione sulle Strategie Combinate nel Trading di Opzioni:

Le strategie combinate nel trading di opzioni rappresentano un insieme avanzato di tecniche che permettono agli operatori di massimizzare i profitti e gestire il rischio in diverse condizioni di mercato. Tali strategie vanno ben oltre il semplice acquisto o vendita di una singola opzione e spesso coinvolgono la detenzione di più contratti di opzioni con diverse scadenze e prezzi di esercizio.

La chiave per avere successo con queste strategie risiede in diversi fattori:

1. **Comprensione Profonda**: La profonda comprensione di ogni singola strategia è cruciale. Ogni strategia ha le sue peculiarità in termini di profilo di rischio, potenziale di profitto, costo e altri parametri. L'investitore deve sapere come funziona ogni strategia e in quali condizioni di mercato è più probabile che sia proficua.

2. **Ambiente di Mercato**: Non tutte le strategie sono adatte a ogni condizione di mercato. Ad esempio, uno Straddle potrebbe essere ideale in un ambiente di elevata volatilità, mentre uno Spread verticale potrebbe essere più adatto in un mercato laterale. La capacità di valutare le condizioni di mercato e applicare la strategia appropriata è essenziale.

3. **Gestione del Rischio**: Poiché le strategie combinate coinvolgono spesso diversi contratti di opzione, la gestione del rischio diventa ancora più critica. E' fondamentale stabilire limiti chiari su quanto si è disposti a perdere e avere meccanismi in atto per limitare le perdite potenziali.

4. **Monitoraggio Costante**: Le opzioni sono strumenti derivati con scadenze definite. La natura temporale delle opzioni significa che il valore può cambiare rapidamente, rendendo essenziale un monitoraggio regolare delle posizioni.

5. **Costi e Commissioni**: Le strategie combinate possono comportare l'acquisto e la vendita di molteplici contratti, il che può aumentare i costi e le commissioni. È vitale considerare questi costi al momento di calcolare la redditività potenziale di una strategia.

6. **Revisione e Apprendimento**: Dopo aver eseguito una strategia combinata, è utile

analizzare il risultato, indipendentemente dal fatto che sia stato un successo o meno. L'analisi post-trade aiuta a identificare le aree di miglioramento e le lezioni apprese che possono essere applicate in futuro.

In sintesi, le strategie combinate offrono agli operatori un arsenale di tecniche per affrontare diversi scenari di mercato. Tuttavia, con queste opportunità vengono anche sfide complesse. La formazione continua, la pratica e l'esperienza sono essenziali per navigare con successo nel complesso mondo delle strategie combinate nel trading di opzioni. La chiave sta nel comprendere profondamente le dinamiche del mercato, le specificità delle singole strategie e l'importanza della disciplina e della gestione del rischio.

7. Analisi Tecnica: Uso di grafici, indicatori e pattern.

Analisi Tecnica: Uso di grafici, indicatori e pattern

L'analisi tecnica è uno degli approcci più popolari per prevedere i futuri movimenti dei prezzi di un asset basandosi sul suo storico di prezzi e volumi. Questa metodologia poggia sulla convinzione che tutti gli eventi di mercato e le future variazioni dei prezzi sono già riflessi nel prezzo stesso. Ecco un'analisi dettagliata:

Grafici:

1. **Grafico a Linee**: Rappresenta il prezzo di chiusura di un asset per un periodo specifico e connette questi prezzi con una linea continua.
2. **Grafico a Barre**: Ogni barra mostra il prezzo di apertura, di chiusura, il massimo e il minimo di un periodo di tempo specifico.
3. **Grafico a Candela (Candlestick)**: Di origine giapponese, questo grafico fornisce le stesse informazioni del grafico a barre, ma in un formato più visivamente intuitivo. Le candele possono essere "bullish" (bianche o verdi) o "bearish" (nere o rosse) a seconda del rapporto tra il prezzo di apertura e di chiusura.

Indicatori:

1. **Medie Mobili (MA)**: Una media dei prezzi di un asset per un numero specifico di periodi. Le MA possono essere semplici (SMA) o esponenziali (EMA), quest'ultima dà più peso ai prezzi recenti.
2. **MACD (Moving Average Convergence Divergence)**: Mostra la relazione tra due medie mobili di un prezzo. Composto da una linea MACD e una linea di segnale.
3. **RSI (Relative Strength Index)**: Un indicatore di momentum che misura la velocità e il cambiamento dei movimenti dei prezzi. Varia tra 0 e 100 e può indicare condizioni di ipervenduto o ipercomprato.

4. **Band di Bollinger**: Composte da una media mobile al centro e due fasce di prezzo (bande) sopra e sotto di essa. Le bande sono una deviazione standard della media mobile.

5. **Stocastico**: Un indicatore di momentum che confronta il prezzo di chiusura attuale di un asset con i suoi prezzi di chiusura precedenti su un intervallo di tempo specifico.

Pattern:

1. **Testa e Spalle**: È un pattern di inversione che segnala un cambiamento nella direzione del trend.

2. **Doppio Massimo e Doppio Minimo**: Simili alla testa e spalle ma con due picchi o valli.

3. **Triangoli**: Possono essere ascendenti, discendenti o simmetrici e solitamente indicano una continuazione del trend attuale.

4. **Bandiere e pennoni**: Sono pattern di continuazione che indicano una breve pausa prima della ripresa del trend originale.

5. **Gap**: Si verifica quando c'è una differenza significativa tra il prezzo di apertura di una sessione e il prezzo di chiusura della sessione precedente.

La scelta di quali strumenti di analisi tecnica utilizzare dipende dallo stile di trading dell'individuo, dal suo orizzonte temporale e dalle sue preferenze personali. Tuttavia, l'uso combinato di grafici, indicatori e pattern può fornire una visione completa del mercato e aiutare a identificare opportunità di trading o potenziali segnali di ingresso/uscita.

Ricorda, l'analisi tecnica, come qualsiasi altro metodo di previsione dei mercati, non garantisce successo e dovrebbe sempre essere utilizzata in combinazione con una solida strategia di gestione del rischio.

Mentre l'analisi tecnica è ampiamente riconosciuta e utilizzata nella comunità di trading, è essenziale esaminare alcuni dei concetti e delle tecniche sottostanti che danno forma a questa pratica.

Teoria delle Onde di Elliott: Questa teoria, ideata da Ralph Nelson Elliott, suggerisce che i mercati si muovono in cicli prevedibili basati sulla psicologia degli investitori e su pattern a "onde". Ci sono, secondo Elliott, cinque "onde" che muovono il mercato nella direzione della tendenza principale, seguite da tre "onde" correttive, creando un ciclo di otto onde.

Volumi: Nell'analisi tecnica, il volume gioca un ruolo cruciale. Esso rappresenta il numero totale di azioni o contratti scambiati in una sessione o un periodo di tempo. Un aumento del volume durante un rialzo suggerisce un forte interesse e supporto per il prezzo corrente, mentre un aumento del volume durante un ribasso può indicare una forte pressione di vendita. Gli analisti spesso cercano discrepanze tra volume e direzione del prezzo per individuare potenziali inversioni di trend.

Pattern di Candlestick: Oltre ai pattern di base come "testa e spalle" o "doppio massimo", ci sono numerosi pattern di candlestick utilizzati nell'analisi tecnica. Alcuni esempi includono:

- **Doji**: Una candela con lo stesso prezzo di apertura e chiusura, suggerendo indecisione nel mercato.
- **Martello e Uomo Sospeso**: Candele che indicano potenziali inversioni di trend.
- **Engulfing**: Si compone di due candele, dove la seconda "inghiotte" la prima, indicando un possibile cambio di direzione.

Fibonacci: Leonardo Fibonacci, un matematico italiano, introdusse una sequenza di numeri dove ogni numero è la somma dei due precedenti. Questa sequenza ha trovato la sua applicazione nell'analisi tecnica attraverso i "ritracciamenti di Fibonacci". Gli analisti utilizzano questi livelli per identificare potenziali aree di supporto o resistenza.

Canali e Trendlines: Tracciare linee di tendenza connettendo i minimi e i massimi di un grafico può aiutare a identificare canali in cui un prezzo potrebbe muoversi. Questi canali possono essere orizzontali, ascendenti o discendenti e aiutano gli analisti a prevedere potenziali aree di breakout o breakdown.

Oscillatori: Oltre all'RSI e allo Stocastico, ci sono altri oscillatori come il CCI (Commodity Channel Index) e l'AO (Awesome Oscillator). Questi strumenti aiutano gli analisti a determinare se un asset è ipercomprato o ipervenduto e possono suggerire potenziali inversioni di trend.

Analisi Multi-Timeframe: Gli analisti tecnici spesso esaminano diversi intervalli temporali per confermare i segnali e avere una visione più completa del mercato. Ad esempio, un trader potrebbe guardare sia un grafico giornaliero che un grafico orario per determinare la sua strategia di trading.

L'analisi tecnica è un campo vasto e in continua evoluzione, con trader e analisti che cercano sempre nuovi modi per prevedere i movimenti del mercato. Mentre gli strumenti e le tecniche possono variare, l'obiettivo fondamentale rimane lo stesso: cercare di prevedere dove andranno i prezzi in futuro basandosi su dove sono stati in passato.

Medie mobili (Moving Averages): Una delle tecniche più comuni nell'analisi tecnica, le medie mobili lisciano i dati dei prezzi per creare una singola linea fluida, che rende più facile identificare la direzione di un trend. Ci sono diversi tipi di medie mobili, tra cui la media mobile semplice (SMA) e la media mobile esponenziale (EMA). La EMA dà maggiore peso ai prezzi più recenti, rendendola più reattiva alle variazioni dei prezzi rispetto alla SMA.

Bande di Bollinger: Ideate da John Bollinger, queste bande sono un indicatore di volatilità che si posiziona sopra e sotto una media mobile. Quando le bande si allargano, indica che la volatilità del mercato sta aumentando, e quando si restringono, indica che la volatilità sta diminuendo.

MACD (Moving Average Convergence Divergence): Questo è uno degli indicatori più popolari utilizzati per riconoscere cambiamenti nel momento e nella direzione di un trend. Si compone di una linea MACD (la differenza tra due medie mobili esponenziali), una linea di segnale e un istogramma.

Analisi dei Gap: Un "gap" si verifica quando c'è una differenza significativa tra il prezzo di chiusura di una sessione e il prezzo di apertura della sessione successiva. Questi gap possono essere causati da vari fattori, come annunci finanziari, notizie inaspettate o cambiamenti nel sentimento degli investitori. L'analisi dei gap può aiutare i trader a identificare potenziali inversioni di tendenza o a confermare la forza di un trend in atto.

Triangle Patterns: Questi pattern si verificano quando i prezzi si muovono all'interno di linee trend convergenti. Esistono vari tipi di triangoli: ascendenti, discendenti e simmetrici. Ognuno di questi ha implicazioni diverse per il movimento futuro dei prezzi.

Indicatori di Volatilità: Oltre alle Bande di Bollinger, ci sono altri indicatori come l'Average True Range (ATR) che aiutano a misurare la volatilità del mercato. L'ATR calcola la media delle differenze tra i massimi e i minimi di un determinato periodo.

Supporto e Resistenza: Questi sono livelli di prezzo ai quali il mercato ha difficoltà a scendere o salire. Un livello di supporto rappresenta un'area dove la domanda è significativamente forte e supera l'offerta, impedendo al prezzo di scendere al di sotto di esso. Al contrario, un livello di resistenza indica un punto dove l'offerta supera la domanda, prevenendo ulteriori aumenti dei prezzi.

Pattern di Continuazione e Inversione: Mentre alcuni pattern suggeriscono che un trend in atto continuerà, altri indicano una potenziale inversione. Ad esempio, i "flag" e i "pennants" sono pattern di continuazione, mentre i "top rotondi", i "fondi rotondi" e i "diamanti" sono pattern di inversione.

La bellezza dell'analisi tecnica risiede nella sua versatilità. I trader possono combinare vari indicatori e tecniche per creare un sistema di trading robusto e personalizzato. Tuttavia, è essenziale ricordare che nessun sistema o indicatore può garantire profitti certi; la disciplina, la gestione del rischio e una comprensione continua dei mercati sono fondamentali per il successo a lungo termine.

Oscillatori: Gli oscillatori sono indicatori che si muovono entro un range, come tra 0 e 100, e sono spesso usati per identificare condizioni di ipercomprato o ipervenduto in un mercato. Alcuni dei più noti includono:

- **RSI (Relative Strength Index)**: Misura la velocità e il cambiamento dei movimenti dei prezzi. Valori al di sopra di 70 sono considerati ipercomprati e valori al di sotto di 30 sono considerati ipervenduti.

- **Stochastic Oscillator**: Compara il prezzo di chiusura di un titolo al range dei suoi prezzi per un determinato periodo di tempo. Anche questo può aiutare a identificare condizioni di ipercomprato e ipervenduto.

Pattern delle candele (Candlestick Patterns): Originariamente sviluppato in Giappone, l'analisi delle candele è una delle forme più antiche di analisi tecnica, ma è ancora ampiamente utilizzata oggi. Alcuni pattern comuni includono:

- **Hammer e Hanging Man**: Questi pattern possono indicare inversioni di tendenza.
- **Engulfing**: Può essere riconosciuto quando una candela "inghiotte" la candela precedente, indicando un potenziale cambiamento di direzione.
- **Doji**: Una candela con apertura e chiusura molto vicine tra loro, suggerendo indecisione nel mercato.

Fibonacci Retracements: Leonardo Fibonacci fu un matematico italiano che introdusse una sequenza numerica particolare nel mondo occidentale. I trader utilizzano i rapporti di questa sequenza (come 38.2%, 50% e 61.8%) per identificare potenziali livelli di supporto e resistenza.

Volume: Mentre non è esattamente un "indicatore", il volume rappresenta il numero di azioni o contratti scambiati in un titolo o in un mercato. Il volume può confermare la forza di un trend. Ad esempio, un aumento dei prezzi accompagnato da un volume crescente suggerisce un forte trend rialzista.

Convergenza e Divergenza: Questi concetti si riferiscono alla relazione tra due o più indicatori o tra un indicatore e il movimento dei prezzi. Per esempio, se un titolo raggiunge un nuovo massimo ma l'RSI non lo fa, si dice che ci sia una "divergenza", che può segnalare una possibile inversione di tendenza.

Teoria delle onde di Elliott: Basata sull'idea che i mercati si muovono in cicli prevedibili, la teoria delle onde suggerisce che un trend principale è composto da cinque "onde". Queste onde sono seguite da tre onde correttive, creando un pattern di otto onde in totale.

Teoria dei fan di Gann: Ideata da W.D. Gann, questa teoria utilizza angoli tracciati su un grafico per prevedere potenziali zone di supporto e resistenza.

Ogni tecnica o indicatore ha i suoi pro e contro, e spesso la combinazione di diversi metodi può offrire ai trader una visione più completa e bilanciata del mercato. L'analisi tecnica, come ogni forma di analisi, richiede studio, pratica e, soprattutto, esperienza.

Conclusione sull'Analisi Tecnica: Uso di grafici, indicatori e pattern.

L'analisi tecnica rappresenta una delle metodologie chiave adottate dai trader e dagli investitori per prendere decisioni informate sugli investimenti. A differenza dell'analisi fondamentale, che si concentra sullo studio delle performance finanziarie e delle condizioni macroeconomiche di un'azienda o di un settore, l'analisi tecnica si focalizza esclusivamente sull'analisi dei prezzi dei titoli e dei volumi di scambio.

Uno degli aspetti centrali dell'analisi tecnica è la convinzione che "tutto è già nel prezzo". Questo significa che tutte le notizie, le informazioni e le aspettative del mercato sono già riflettute nel prezzo corrente di un titolo. Pertanto, studiando i movimenti passati dei prezzi e dei volumi, un trader può cercare di prevedere i movimenti futuri.

I grafici rappresentano lo strumento di base dell'analista tecnico. Sono essenziali per visualizzare e analizzare le dinamiche di prezzo di un asset nel tempo. Il tipo di grafico più utilizzato è quello a candele giapponesi, che fornisce informazioni sul prezzo di apertura, chiusura, massimo e minimo in un determinato periodo di tempo.

Gli indicatori, d'altro canto, sono strumenti matematici che aiutano a interpretare e a prevedere i movimenti del mercato. Non esiste un "miglior" indicatore; piuttosto, ogni indicatore ha una sua specificità e può essere più o meno adatto a determinate situazioni di mercato o stili di trading. È fondamentale per il trader saper combinare e interpretare diversi indicatori per ottenere segnali di trading più affidabili.

I pattern, infine, sono combinazioni specifiche di candele o movimenti di prezzo che possono indicare una futura direzione del mercato. L'identificazione e la comprensione dei pattern richiedono una certa esperienza e sono spesso più un'arte che una scienza.

Tuttavia, è cruciale sottolineare che l'analisi tecnica non è infallibile. Non offre certezze, ma probabilità. Come ogni metodologia, ha i suoi limiti e può dare falsi segnali. Per questo motivo, è essenziale che i trader utilizzino l'analisi tecnica in combinazione con una solida gestione del rischio, definendo in anticipo stop loss e take profit e non affidandosi ciecamente a un singolo segnale o indicatore.

In conclusione, l'analisi tecnica è uno strumento potente e versatile che, se utilizzato correttamente e in combinazione con altre forme di analisi e strategie di gestione del rischio, può aiutare i trader a navigare con successo nei mercati finanziari. Come per ogni competenza, la pratica e l'educazione continua sono fondamentali per affinare le proprie capacità e adattarsi alle mutevoli condizioni di mercato.

9. Gestione del Rischio: Posizionamento delle dimensioni, stop-loss, take-profit.

Gestione del Rischio: Posizionamento delle dimensioni, stop-loss, take-profit.
La gestione del rischio è una componente fondamentale per qualsiasi trader o investitore che operi sui mercati finanziari. Essa riguarda l'adozione di strategie e pratiche atte a limitare le potenziali perdite e a proteggere il capitale dell'investitore. Questo è particolarmente importante nel trading di opzioni, dove la leva finanziaria può amplificare sia i guadagni che le perdite. Di seguito, esploreremo alcuni aspetti chiave della gestione del rischio: posizionamento delle dimensioni, stop-loss e take-profit.

1. Posizionamento delle Dimensioni: Il posizionamento delle dimensioni riguarda la quantità di capitale che si decide di investire in una particolare operazione o posizione. La regola generale è di non rischiare più di una piccola percentuale del proprio capitale in una singola operazione.

- **Percentuale Fissa**: Ad esempio, un trader potrebbe decidere di rischiare sempre il 2% del proprio capitale in ogni trade. Se ha un conto di 10.000€, rischierà 200€ per operazione.
- **Modello di Kelly**: Un approccio più avanzato alla dimensione della posizione, il modello di Kelly cerca di massimizzare il rendimento a lungo termine tenendo conto della probabilità di vincita e della rapporto rischio/rendimento.

2. Stop-Loss: Lo stop-loss è un ordine automatico impostato al fine di chiudere una posizione se il mercato si muove contro di essa di una certa quantità. Serve a limitare le perdite.

- **Stop fisso**: Un trader potrebbe decidere di impostare uno stop-loss a una distanza fissa dal prezzo di ingresso, ad esempio 50 pips sotto il prezzo di ingresso per un trade lungo.
- **Stop proporzionale**: Un altro approccio potrebbe basarsi sulla volatilità del mercato, utilizzando, ad esempio, l'Average True Range (ATR) per determinare la distanza dello stop.

3. Take-Profit: Il take-profit è un ordine automatico impostato per chiudere una posizione quando si raggiunge un certo livello di profitto.

- **Target fisso**: Un trader potrebbe avere un obiettivo di profitto fisso, ad esempio 100 pips sopra il prezzo di ingresso per un trade lungo.
- **Rapporto Rischio/Rendimento**: Molti trader utilizzano un rapporto rischio/rendimento per

determinare i loro livelli di take-profit. Se rischiano 50 pips, potrebbero cercare un profitto di 100 pips, dando un rapporto di 2:1.

La chiave della gestione del rischio è la coerenza. Anche la migliore strategia di trading subirà delle perdite; ciò che distingue i trader di successo è la capacità di limitare queste perdite e di massimizzare i guadagni. Combinando una dimensione di posizione appropriata con ordini stop-loss e take-profit ben piazzati, i trader possono controllare il rischio associato a ogni operazione e proteggere il proprio capitale nel lungo termine.

Gestione del Rischio: Posizionamento delle dimensioni, stop-loss, take-profit. (continuazione)

Ruolo della Psicologia nella Gestione del Rischio:

La psicologia gioca un ruolo fondamentale nella gestione del rischio. Molti trader, anche se conoscono i principi basilari di gestione del rischio, fanno errori a causa delle emozioni come la paura e l'avidità. Ad esempio, dopo una serie di operazioni perdenti, un trader potrebbe essere tentato di "raddoppiare" per recuperare le perdite, esponendosi a rischi ancora maggiori.

Diversificazione:

Un altro aspetto fondamentale della gestione del

rischio è la diversificazione. Non mettere tutti i tuoi "uova" in un solo "cestino". Nel contesto delle opzioni, questo può significare non avere posizioni su un unico titolo o indice. Distribuendo il capitale su diverse opzioni o altri strumenti finanziari, si riduce il rischio di perdite significative a causa di movimenti avversi in una singola posizione.

Hedging o Copertura:
L'hedging è una strategia che implica l'apertura di una posizione opposta a quella attuale per proteggere contro movimenti avversi. Ad esempio, se possiedi azioni di una società e temi che il suo valore possa diminuire, potresti acquistare opzioni put come copertura. Se il prezzo delle azioni scende, le put aumenteranno di valore, compensando almeno in parte la perdita sulle azioni.

Utilizzo di Strumenti e Software:
Oggi, ci sono molte piattaforme di trading che offrono strumenti avanzati per aiutare nella gestione del rischio. Questi strumenti possono includere calcolatrici di dimensione della posizione, indicatori di volatilità, alert di prezzo e molto altro. Sfruttare questi strumenti può aiutare a prendere decisioni più informate e ridurre la probabilità di errori.

Revisione e Adattamento:
Il mercato è in costante evoluzione e ciò che

funziona oggi potrebbe non funzionare domani. È importante, quindi, rivedere regolarmente le proprie strategie di gestione del rischio e fare gli aggiustamenti necessari. Questo potrebbe includere l'adattamento dei livelli di stop-loss e take-profit, la modifica delle dimensioni delle posizioni o l'introduzione di nuove strategie di hedging.

Formazione e Apprendimento Continuo: Infine, come per qualsiasi aspetto del trading e dell'investimento, l'educazione è fondamentale. Partecipare a corsi, leggere libri e rimanere aggiornati sulle ultime tecniche e ricerche può aiutarti a migliorare continuamente le tue competenze nella gestione del rischio.

Gestione del Rischio: Posizionamento delle dimensioni, stop-loss, take-profit. (continuazione)

Correlazione tra Strumenti Finanziari: Quando si prende in considerazione una diversificazione del portafoglio, è importante comprendere come diversi asset si muovono l'uno rispetto all'altro. Se due asset sono fortemente correlati, possono spostarsi nella stessa direzione sotto simili condizioni di mercato. Pertanto, avere entrambi nel tuo portafoglio potrebbe non offrire la diversificazione che stai cercando. Strumenti come il coefficiente di correlazione possono aiutare a determinare le relazioni tra diversi asset e aiutarti a costruire un portafoglio più equilibrato.

Utilizzo dell'Effetto Leva:

L'effetto leva, soprattutto nel contesto delle opzioni, può amplificare sia i rendimenti che le perdite. La leva è una lama a doppio taglio: mentre può potenzialmente portare a profitti più elevati, può anche causare perdite significative. Comprendere come la leva influisce sulle posizioni e utilizzare la leva in modo appropriato è fondamentale per una gestione efficace del rischio.

Gestione del Capitale Totale:

Al di là della dimensione di una singola posizione, è essenziale considerare come quella posizione si inserisce nel contesto del tuo capitale di trading totale. Stabilire una percentuale massima del capitale totale che può essere a rischio in una singola operazione può aiutarti a evitare perdite catastrofiche che possono minacciare la tua capacità di continuare a fare trading.

Scenario "What if" e Analisi:

Uno strumento efficace per la gestione del rischio è condurre regolari analisi dello scenario "cosa succederebbe se". Ad esempio, "Cosa succederebbe se l'indice di riferimento scendesse del 10% in un giorno?" o "Cosa succederebbe se ci fosse un'improvvisa impennata di volatilità?". Simulare questi scenari può aiutarti a prepararti per eventi inaspettati e ad avere piani di azione pronti per tali situazioni.

Stabilire un Bilancio del Rischio-Rendimento:

Ogni operazione presenta sia potenziali rendimenti che potenziali rischi. Prima di entrare in una posizione, è cruciale valutare se il rendimento potenziale giustifica il rischio associato. Questa valutazione può aiutarti a evitare operazioni che non soddisfano i tuoi criteri di rischio-rendimento e a concentrarti su quelle che lo fanno.

Periodi di Non Trading:

Riconoscere quando è il momento di non fare trading è altrettanto importante quanto sapere quando entrare in una posizione. Ci possono essere periodi in cui il mercato è estremamente volatile o incerto, e potrebbe essere prudente astenersi dal fare trading fino a quando le condizioni non diventano più favorevoli.

Gestione del Rischio: Posizionamento delle dimensioni, stop-loss, take-profit.

(continuazione)

Riconoscere le Proprie Emozioni:

Il trading è altamente emotivo e può avere effetti profondi sulla psicologia dell'investitore. Può portare a decisioni affrettate o a tenere posizioni troppo a lungo nella speranza di recuperare le perdite. Comprendere e riconoscere le proprie emozioni, come l'avidità e la paura, è fondamentale per prendere decisioni obiettive e mantenere una strategia di gestione del rischio solida.

Utilizzo di Software e Strumenti:

Al giorno d'oggi, ci sono molti software avanzati e piattaforme di trading che offrono strumenti integrati per aiutare gli investitori a gestire il rischio. Questi possono includere avvisi in tempo reale, analisi automatizzate e altro ancora. Sfruttare questi strumenti può fornire un ulteriore livello di sicurezza e consapevolezza nel tuo trading.

Monitoraggio Continuo:

Il mercato è in costante evoluzione, e ciò che funziona oggi potrebbe non funzionare domani. Ecco perché è essenziale monitorare continuamente le tue strategie di gestione del rischio e apportare le necessarie modifiche in base all'attuale ambiente di mercato.

Riserva di Contante:
Mantenere una riserva di contante nel tuo portafoglio può servire come un cuscinetto in caso di eventi avversi del mercato. Questa liquidità ti permetterà anche di approfittare delle opportunità che potrebbero presentarsi in momenti di calo del mercato.

Formazione e Aggiornamento Continuo:
Il mondo degli investimenti è complesso e in continua evoluzione. Dedica tempo alla formazione e all'aggiornamento su nuove strategie, notizie di mercato, e tendenze emergenti. Questo ti aiuterà a mantenere una prospettiva fresca e a essere sempre preparato per i cambiamenti del mercato.

Peer Review e Feedback:
Parlare delle tue strategie e decisioni con colleghi trader o mentori può offrire una prospettiva esterna sul tuo approccio alla gestione del rischio. Essi potrebbero offrire suggerimenti preziosi o identificare aree di miglioramento che potresti non aver considerato.

Analisi Post-Trade:
Dopo ogni operazione, indipendentemente dal risultato, è benefico analizzare la decisione di trading. Questo aiuta a identificare cosa ha funzionato, cosa no, e dove si possono fare miglioramenti. L'analisi post-trade può fornire

preziosi spunti per affinare ulteriormente le tue strategie di gestione del rischio.

Conclusione sulla Gestione del Rischio: Posizionamento delle dimensioni, stop-loss, take-profit

Gestire il rischio è uno degli aspetti più cruciali e spesso trascurati del trading e degli investimenti. Non importa quanto sia accurata una previsione o quanto sia solida una strategia: se un investitore non ha un piano di gestione del rischio, le probabilità di successo a lungo termine sono notevolmente ridotte.

Il posizionamento delle dimensioni, ovvero decidere quanto capitale allocare a una singola operazione, è la prima linea di difesa contro perdite significative. Una regola empirica comune è non rischiare mai più di una piccola percentuale del capitale totale in una singola operazione. Questo approccio aiuta a garantire che, anche in caso di una serie di perdite consecutive, l'investitore rimanga nel gioco e abbia il capitale necessario per recuperare.

Gli ordini stop-loss e take-profit sono strumenti essenziali che consentono agli investitori di definire in anticipo i livelli di uscita dal mercato. Questi ordini possono essere basati su analisi tecniche, fondamentali o una combinazione di entrambi. Un ordine stop-loss è impostato a un prezzo al quale si è disposti a vendere una posizione per limitare una perdita potenziale, mentre un ordine take-profit viene utilizzato per bloccare i profitti una volta raggiunto un determinato livello di guadagno.

Tuttavia, è importante notare che la gestione del rischio va oltre queste tattiche di base. Coinvolge una comprensione profonda della propria tolleranza al rischio, una consapevolezza costante delle condizioni di mercato e la capacità di adattarsi rapidamente alle circostanze mutevoli. L'uso di strumenti tecnologici, la formazione continua e l'autovalutazione sono fondamentali per rafforzare e affinare costantemente la propria strategia di gestione del rischio.

In definitiva, mentre il potenziale di guadagno attrae molte persone verso il mondo del trading e degli investimenti, è la capacità di gestire e limitare le perdite che determina la longevità e il successo di un investitore nel mercato. Come dice un vecchio adagio del trading: "Si guadagna ciò che si conserva." E la gestione del rischio è la chiave per conservare e far crescere il proprio capitale nel tempo.

10. Pianificazione Finanziaria: Obiettivi di investimento, budget e capitalizzazione.

Pianificazione Finanziaria: Obiettivi di investimento, budget e capitalizzazione

La pianificazione finanziaria è il processo attraverso il quale un individuo o un'entità stabilisce un percorso dettagliato per gestire e ottimizzare le proprie risorse finanziarie in funzione degli obiettivi desiderati. Essa è fondamentale per chiunque desideri raggiungere specifici obiettivi finanziari, sia a breve che a lungo termine. Nel contesto del trading e degli investimenti in opzioni, la pianificazione finanziaria assume una rilevanza particolare per diversi motivi:

1. **Stabilire Obiettivi di Investimento:** Prima di iniziare a investire, è essenziale definire chiaramente gli obiettivi che si desidera raggiungere. Questi possono variare da obiettivi a breve termine, come pagare una vacanza o un'auto nuova, a obiettivi a lungo termine come la pensione o l'acquisto di una casa. Comprendere il proprio orizzonte temporale e la propria tolleranza al rischio è cruciale per selezionare le strategie di investimento più appropriate.

2.

2. Budget e Allocazione delle Risorse:

Determinare quanto si può investire e quanto si dovrebbe mantenere come riserva di emergenza è fondamentale. Questo implica la comprensione delle proprie entrate e spese, creando un budget e decidendo una percentuale di risparmio da destinare agli investimenti. Una pianificazione attenta può prevenire la necessità di ritirare investimenti in momenti inopportuni, ad esempio, durante una flessione del mercato.

3. Capitalizzazione:

Nel contesto del trading, la capitalizzazione si riferisce al capitale iniziale che un trader ha a disposizione per iniziare a operare. Una corretta capitalizzazione è fondamentale per sostenere le operazioni di trading e affrontare periodi di perdite consecutive. Una sotto-capitalizzazione può portare a decisioni d'investimento affrettate o al rischio eccessivo, compromettendo la sostenibilità a lungo termine del portafoglio.

4. Gestione del Rischio e Diversificazione:

Una volta stabilito il budget e l'allocazione delle risorse, è fondamentale implementare strategie di gestione del rischio. Queste possono includere la diversificazione del portafoglio, l'uso di stop-loss e take-profit, e l'adeguamento delle dimensioni delle posizioni in base alla volatilità del mercato. La diversificazione, in particolare, è la pratica di investire in una varietà di asset per ridurre il rischio associato a un singolo investimento o a un singolo settore.

5. Revisione e Adattamento:
La pianificazione finanziaria non è un processo statico. Poiché le condizioni di mercato, le situazioni personali e gli obiettivi cambiano, è essenziale rivedere e aggiustare periodicamente il piano finanziario. Questo può includere la riallocazione delle risorse, l'adeguamento delle strategie di investimento o la modifica degli obiettivi finanziari.

In conclusione, la pianificazione finanziaria nel contesto degli investimenti in opzioni è un processo continuo che richiede una comprensione profonda della propria situazione finanziaria, degli obiettivi e della tolleranza al rischio. Solo attraverso una pianificazione attenta e metodica, un investitore può sperare di navigare con successo attraverso la complessità e le sfide del mercato delle opzioni.

Nell'universo degli investimenti, la pianificazione finanziaria è la bussola che guida l'investitore attraverso le mutevoli acque del mercato. Se ben eseguita, questa pianificazione può aiutare a navigare attraverso i periodi turbolenti e a capitalizzare sulle opportunità quando si presentano. Approfondendo ulteriormente il tema della pianificazione finanziaria nel contesto delle opzioni, ci sono diversi aspetti fondamentali da considerare.

Elementi di Considerazione nella Pianificazione:

- **Rendimento atteso e volatilità:** Quando si considera un investimento in opzioni, è essenziale avere una chiara comprensione del rendimento atteso e della volatilità associata. Questo ti permetterà di valutare se l'investimento si adatta alla tua tolleranza al rischio e ai tuoi obiettivi di rendimento.

- **Liquidità:** La capacità di entrare e uscire rapidamente da una posizione è vitale, soprattutto se le condizioni di mercato cambiano rapidamente. Le opzioni su titoli molto scambiati tendono ad avere spread bid-ask più stretti e una maggiore liquidità rispetto a quelle su titoli meno noti.

- **Imposte:** Gli investimenti in opzioni possono avere implicazioni fiscali. Ad esempio, in molti paesi, le opzioni con una durata inferiore a un anno potrebbero essere tassate come reddito ordinario piuttosto che come guadagni in capitale. Essere consapevoli di queste implicazioni può influenzare la durata delle tue operazioni e la tua strategia complessiva.

- **Costi operativi:** Oltre ai costi di commissioni associati all'acquisto e alla vendita di opzioni, ci possono essere altri costi operativi. Questi possono includere le spese per l'utilizzo di piattaforme di trading avanzate, servizi di ricerca o formazione.

- **Educazione e formazione:** Le opzioni sono strumenti complessi, e per operare con successo, è essenziale avere una solida formazione. Ciò può includere la lettura di libri, la partecipazione a seminari o corsi online e l'uso di simulazioni di trading per affinare le tue abilità.

- **Psicologia dell'investitore:** La natura ad alto rischio delle opzioni può generare forti emozioni, come la paura e l'avidità. Avere una solida pianificazione finanziaria ti aiuterà a mantenere la calma e ad aderire alla tua strategia, anche nei momenti più stressanti.

- **Orizzonte temporale:** Mentre alcune persone potrebbero essere interessate al trading di opzioni come forma di investimento a breve termine, altre potrebbero utilizzarle come parte di una strategia di copertura a lungo termine. Identificare il tuo orizzonte temporale ti aiuterà a scegliere le opzioni e le strategie più appropriate. Incorporando questi elementi nella tua pianificazione finanziaria, sarai meglio attrezzato per affrontare le sfide e sfruttare le opportunità offerte dal mercato delle opzioni. Tuttavia, come con tutti gli investimenti, è fondamentale ricordare che non esistono garanzie. Essere informati, preparati e disciplinati nella tua approccio ti posizionerà per il miglior potenziale di successo.

Diversificazione del Portafoglio:
Nel contesto della pianificazione finanziaria, non si può sottolineare abbastanza l'importanza della diversificazione. Anche quando si opera con opzioni, la diversificazione può aiutare a bilanciare il rischio. Non dovresti mai mettere tutte le tue risorse in un'unica opzione o in un singolo sottostante. Ecco alcuni motivi:

- **Riduzione della volatilità:** Avere un portafoglio diversificato può contribuire a limitare le perdite potenziali. Se una particolare opzione o azione sottostante ha una cattiva performance, altre parti del tuo portafoglio potrebbero compensare quella perdita.
- **Accesso a più opportunità:** Diversificando, esponi il tuo capitale a una varietà di asset e settori, aumentando le possibilità di beneficiare delle opportunità in differenti aree del mercato.

Riserva di Emergenza:
Una parte cruciale della pianificazione finanziaria, spesso trascurata dagli investitori in opzioni, è la creazione di una riserva di emergenza. Questa riserva dovrebbe coprire almeno sei mesi di spese vive ed essere conservata in contanti o in investimenti liquidi. La ragione dietro questo consiglio è duplice:

1. **Protezione contro le chiamate a margine:**
   Se possiedi posizioni in opzioni con margine,
   potresti ricevere una chiamata a margine se il
   mercato si muove contro di te. Avere una riserva
   pronta ti permette di coprire queste chiamate
   senza dover liquidare altre posizioni
   potenzialmente in perdita.
2. **Flessibilità:** Se il mercato dovesse cadere e
   offrire opportunità d'acquisto a prezzi
   vantaggiosi, avere una riserva di contante ti dà la
   flessibilità di agire su quelle opportunità senza
   dover vendere altre posizioni.

Revisione Periodica:

Allo stesso modo in cui un veicolo ha bisogno di
manutenzione regolare, anche il tuo portafoglio
di investimenti necessita di revisioni periodiche.
Questo non significa che devi controllare il tuo
portafoglio ogni giorno, ma dovresti dedicare del
tempo, almeno semestralmente, per valutare le
tue posizioni:

- Assicurati che il tuo portafoglio sia ancora in
  linea con i tuoi obiettivi di investimento.
- Riequilibra il portafoglio se necessario, vendendo
  posizioni sovraperformanti e acquistando
  sottovalutate, per mantenere la tua allocazione
  desiderata.
- Valuta le performance passate per identificare
  aree di miglioramento nella tua strategia.

Considerazioni Etiche:

Per alcuni investitori, non si tratta solo di guadagni. La responsabilità sociale corporativa, l'investimento sostenibile e l'investimento etico stanno diventando sempre più importanti. Se sei uno di questi investitori, potresti voler considerare:

- Le pratiche ambientali, sociali e di governance (ESG) delle aziende in cui stai investendo attraverso opzioni.
- L'impatto ambientale e sociale del tuo investimento.

Infine, mentre la pianificazione finanziaria nel contesto delle opzioni richiede una comprensione approfondita e una strategia ben congegnata, la disciplina è la chiave. Stabilire e seguire un piano ti aiuterà a navigare attraverso i periodi volatili e a rimanere sulla giusta strada per raggiungere i tuoi obiettivi finanziari.

Conclusione sulla Pianificazione Finanziaria nel Contesto delle Opzioni

La pianificazione finanziaria, quando applicata all'investimento in opzioni, assume una rilevanza particolare, data la natura dinamica e talvolta complessa delle opzioni stesse. Chi si avvicina a questo tipo di investimento dovrebbe considerare con attenzione sia le peculiarità delle opzioni sia i principi fondamentali della pianificazione finanziaria. Ecco un riepilogo dettagliato dei punti chiave:

1. **Obiettivi d'Investimento:** Prima di intraprendere qualsiasi forma di investimento, è fondamentale avere obiettivi chiari e ben definiti. Questi obiettivi possono variare da obiettivi a breve termine, come finanziare una vacanza, a obiettivi a lungo termine, come la pensione. La definizione dei tuoi obiettivi ti aiuterà a scegliere le strategie d'investimento più adatte e a gestire il rischio in modo efficace.

2. **Budget e Capitalizzazione:** La quantità di denaro che puoi investire influenzerà direttamente le tue decisioni di investimento. E' essenziale avere una comprensione chiara del tuo budget, tenendo presente eventuali flussi di cassa futuri, e assicurandoti di non superare il capitale che sei disposto a rischiare.

3. **Diversificazione del Portafoglio:** Concentrarsi su un singolo sottostante o su una singola strategia di opzioni può esporre l'investitore a rischi inutili. La diversificazione attraverso vari sottostanti o differenti strategie può aiutare a mitigare questi rischi.

4. **Riserva d'Emergenza:** Ogni investitore dovrebbe avere a disposizione una riserva liquida per affrontare imprevisti finanziari o per sfruttare nuove opportunità d'investimento che potrebbero emergere.

5. **Revisione e Adattamento:** Il mercato delle opzioni è in costante evoluzione. Di conseguenza, gli investitori dovrebbero controllare e, se necessario, adattare regolarmente le loro posizioni per rispondere a cambiamenti nel mercato o nelle loro circostanze personali.

6. **Considerazioni Etiche e Sostenibili:** Molti investitori moderni sono interessati non solo al rendimento, ma anche all'impatto dei loro investimenti. L'integrazione di criteri ESG nella selezione delle opzioni può aiutare questi investitori a conciliare obiettivi finanziari con valori personali.

In conclusione, l'investimento in opzioni, se fatto con una solida pianificazione finanziaria, può offrire opportunità di rendimento interessanti. Tuttavia, come per qualsiasi forma di investimento, è cruciale avvicinarsi a questa area con preparazione, ricerca e un piano ben strutturato.

12. Creazione di un Portfolio di Opzioni:
Diversificazione e correlazione.

Creazione di un Portfolio di Opzioni: Diversificazione e correlazione

Investire in opzioni può risultare complesso e intricato. Ma, con una pianificazione adeguata e una comprensione chiara della diversificazione e della correlazione, un investitore può costruire un portafoglio di opzioni robusto e resiliente. Ecco una descrizione dettagliata di come procedere:

Diversificazione nel Contesto delle Opzioni:

1. **Vantaggi della Diversificazione:** La diversificazione si basa sull'idea di non mettere tutte le uova nello stesso paniere. Distribuendo gli investimenti tra varie opzioni su diversi sottostanti, si può ridurre il rischio legato a un singolo titolo o settore.

2. **Diversi Sottostanti:** Mentre alcune persone potrebbero investire in opzioni basate solo su azioni, esistono opzioni su molte altre classi di attività, come indici, materie prime e valute. Integrare queste diverse classi può aiutare a bilanciare il portafoglio.

3. **Diverse Scadenze:** Le opzioni possono avere diverse date di scadenza, dalle opzioni giornaliere alle opzioni che scadono dopo diversi anni

(LEAPs). Miscelare le scadenze può consentire una gestione più efficace del flusso di cassa e del rischio.

4. **Diverse Strategie:** Come menzionato in precedenza, esistono numerose strategie che possono essere implementate con le opzioni, dalla semplice acquisto di una call o put, a combinazioni più complesse come iron condors o butterfly spreads. Utilizzare una combinazione di queste strategie può aiutare a ottenere un rendimento desiderato pur mantenendo un certo livello di protezione.

Correlazione e Opzioni:

1. **Comprensione della Correlazione:** La correlazione misura la relazione tra i rendimenti di due o più asset. Se due asset si muovono insieme in modo consistente, hanno una correlazione positiva; se si muovono in direzioni opposte, hanno una correlazione negativa.

2. **Opzioni e Correlazione:** Investendo in opzioni su asset che sono correlati positivamente, aumenti il rischio che se un'opzione va male, anche le altre lo faranno. Al contrario, se includi opzioni su asset con una correlazione negativa, quando una opzione subisce perdite, un'altra potrebbe guadagnare, bilanciando così le performance complessive.

3. **Correlazione e Diversificazione:** Per avere un portafoglio veramente diversificato, è ideale

incorporare asset che hanno bassa o nessuna correlazione tra loro. Questo aiuta a smorzare l'effetto di movimenti avversi del mercato e a ridurre la volatilità complessiva del portafoglio.

Conclusione:

Un portafoglio di opzioni ben costruito tiene conto sia della diversificazione che della correlazione. Mentre la diversificazione si concentra sulla dispersione degli investimenti attraverso vari asset e strategie, la correlazione si assicura che questi asset e strategie non siano troppo legati tra loro in termini di movimenti di prezzo. Unendo questi due concetti, gli investitori possono cercare di massimizzare i rendimenti potenziali mentre controllano i rischi associati. Ricorda sempre di rivedere e aggiustare periodicamente il tuo portafoglio in base alle condizioni del mercato e ai tuoi obiettivi personali.

Strumenti e Tecniche per un Portfolio di Opzioni Efficace:

Dopo aver compreso l'importanza della diversificazione e della correlazione, è essenziale familiarizzare con gli strumenti e le tecniche che possono aiutare un investitore a creare e gestire un portfolio di opzioni efficace.

Osservare i Settori Economici:

La diversificazione non si limita alla scelta di asset da classi diverse. È anche fondamentale diversificare attraverso diversi settori economici. Ad esempio, le opzioni su aziende tecnologiche potrebbero avere comportamenti molto diversi da quelle su aziende del settore energetico o finanziario. Una crisi in un settore potrebbe non influire in modo significativo su un altro. Per questo, includere opzioni da diversi settori può essere un'ulteriore cintura di sicurezza per il portafoglio.

Monitoraggio della Volatilità:

La volatilità è un elemento chiave quando si tratta di opzioni. Le opzioni su asset molto volatili possono avere premi più alti a causa del rischio maggiore associato a tali movimenti di prezzo. Tuttavia, possono anche subire perdite più grandi. È essenziale monitorare la volatilità implicita e storica degli asset sottostanti nel tuo portafoglio. Questo ti può aiutare a capire se stai ricevendo un premio adeguato per il rischio che stai assumendo.

Rebalance Periodico:

Mentre le opzioni hanno date di scadenza e possono scadere senza valore, è importante valutare e riaggiustare il tuo portafoglio periodicamente. Questo può implicare la chiusura di alcune posizioni, l'apertura di nuove, o la modifica delle posizioni esistenti per riflettere meglio la tua visione attuale del mercato e i tuoi obiettivi.

Uso di Software e Piattaforme:

Ci sono numerose piattaforme di trading e software disponibili che offrono analisi sofisticate specifiche per i trader di opzioni. Questi possono aiutare a monitorare la performance del tuo portafoglio, calcolare la correlazione tra diverse posizioni, analizzare la volatilità e molto altro. Familiarizzare con questi strumenti può offrire un vantaggio significativo.

Considerazioni Fiscali:

Le opzioni, come tutte le forme di investimento, hanno implicazioni fiscali. Le regole fiscali possono variare in base alla giurisdizione e al tipo di opzione. Alcune strategie, come le vendite allo scoperto, potrebbero avere trattamenti fiscali specifici. È fondamentale consultarsi con un consulente fiscale o un esperto di opzioni per comprendere le potenziali implicazioni fiscali delle tue operazioni.

Incorporazione di Hedge:

Sebbene le opzioni possano essere utilizzate come hedge in sé, a volte potresti voler proteggere ulteriormente il tuo portafoglio. Questo può includere l'uso di opzioni come hedge per un portafoglio di azioni esistente o l'utilizzo di strumenti come futures per proteggere l'intero portafoglio.

Concludendo, la creazione di un portfolio di opzioni richiede una pianificazione meticolosa, ricerca, e una gestione attiva. Comprendere gli aspetti chiave come la diversificazione, la correlazione, e l'importanza della volatilità sono solo l'inizio. Con l'approccio giusto e gli strumenti adeguati, gli investitori possono sfruttare le opzioni per potenziali rendimenti significativi pur gestendo il rischio.

Utilizzo di Opzioni per Diversificare in Base alla Geografia:

Un aspetto cruciale della diversificazione è la distribuzione geografica. Il mercato globale è costituito da numerose economie, ciascuna delle quali presenta dinamiche uniche. Mentre gli investitori potrebbero essere inclini a concentrarsi su opzioni legate agli asset del proprio paese di residenza, esplorare opportunità in mercati esteri potrebbe fornire ulteriori strumenti di diversificazione. Per esempio, un portafoglio che combina opzioni su aziende europee, asiatiche e nordamericane può essere meno vulnerabile agli shock economici o politici di una singola regione.

Considerazioni sulla Liquidità:

Quando si costruisce un portafoglio di opzioni, la liquidità delle opzioni selezionate è un fattore chiave. Le opzioni su asset molto popolari, come le grandi capitalizzazioni azionarie, tendono ad avere spread bid-ask più stretti e una maggiore liquidità. Questo facilita l'ingresso e l'uscita dalle posizioni. D'altro canto, opzioni su asset meno noti o su mercati emergenti potrebbero avere spread più ampi e minor liquidità, rendendo le transazioni potenzialmente più costose.

Correlazione e Non-Correlazione tra Opzioni:

Mentre la correlazione tra asset sottostanti è un fattore noto, gli investitori dovrebbero anche considerare come le diverse opzioni possono interagire tra loro. Ad esempio, possedere opzioni call su materie prime e opzioni put su azioni di un settore altamente influenzato dai prezzi delle materie prime potrebbe offrire una forma di copertura. Se il prezzo delle materie prime dovesse aumentare, potresti guadagnare dalla tua posizione sulle opzioni call, mentre la tua posizione sulle opzioni put potrebbe perdere valore se le azioni del settore correlato alle materie prime dovessero scendere.

Impatto dei Tassi d'Interesse:

Un altro fattore da considerare nella costruzione del portafoglio di opzioni è l'effetto dei tassi d'interesse. Un aumento dei tassi d'interesse potrebbe influire sul valore delle opzioni, specialmente quelle con una durata più lunga. Poiché i tassi d'interesse sono uno degli elementi chiave nel calcolo del valore temporale di un'opzione, le variazioni dei tassi potrebbero avere un impatto significativo sul prezzo delle opzioni nel tuo portafoglio.

Tempi di Scadenza e Strategie Multitemporali:

Mentre le opzioni hanno date di scadenza specifiche, è possibile costruire un portafoglio che incorpori diverse scadenze. Questo può aiutare a gestire il flusso di cassa e le potenziali uscite dall'investimento. Ad esempio, combinando opzioni a breve termine con quelle a lungo termine, un investitore può beneficiare sia delle opportunità a breve termine che di quelle a lungo termine, bilanciando contemporaneamente il rischio associato a ciascuna.

Uso di Opzioni su Indici:

Oltre alle opzioni su singole azioni o asset, gli investitori possono considerare l'uso di opzioni su indici. Queste opzioni consentono agli investitori di ottenere esposizione a un intero indice di mercato, come l'S&P 500 o il FTSE 100. Questa può essere una strategia efficace per ottenere una diversificazione istantanea, dato che l'indice rappresenta una vasta gamma di aziende in diversi settori.

Opzioni su ETF vs. Opzioni su Azioni Singole:

Un altro metodo per ottenere una diversificazione rapida è attraverso le opzioni su ETF (Exchange Traded Funds). Gli ETF possono rappresentare interi settori, mercati o classi di asset. Ad esempio, un'opzione su un ETF legato alle aziende tecnologiche offrirebbe esposizione a molte delle principali aziende tecnologiche senza dover acquistare opzioni su ogni singola azienda. Questo può essere particolarmente utile quando si cerca di limitare il rischio associato a eventi aziendali specifici.

Conclusione:

Nel costruire un portafoglio di opzioni diversificato, gli investitori dovrebbero cercare di bilanciare rendimento e rischio attraverso una combinazione di asset, settori, geografie e orizzonti temporali. La comprensione e l'applicazione di principi chiave come la correlazione, la liquidità, l'impatto dei tassi d'interesse e la scelta tra diversi tipi di opzioni può aiutare a navigare con successo nel mondo complesso delle opzioni e a creare un portafoglio solido e resistente.

Strutturazione di un Portfolio di Opzioni in Base al Ciclo Economico:

La performance degli asset può variare in base alle diverse fasi del ciclo economico. Durante i periodi di espansione, ad esempio, potresti voler avere una maggiore esposizione a opzioni call su asset ciclici come le azioni del settore tecnologico o industriale. Al contrario, durante una recessione, potresti voler incrementare la tua esposizione a opzioni put o concentrarti su settori meno ciclici come quelli delle utilities o dei beni di consumo di base.

Differenza tra Opzioni Americane ed Europee nel Portafoglio:

Nella costruzione di un portafoglio di opzioni, è essenziale comprendere la differenza tra opzioni americane ed europee. Le opzioni americane possono essere esercitate in qualsiasi momento prima della scadenza, mentre le opzioni europee possono essere esercitate solo alla scadenza. Questa differenza può influire sulla liquidità e sul profilo di rischio/rendimento delle opzioni nel tuo portafoglio.

Monitoraggio e Ri-bilanciamento del Portafoglio:

Una volta creato un portafoglio di opzioni, non si tratta semplicemente di lasciarlo "in autopilota". È fondamentale monitorare regolarmente le performance e considerare eventuali ribilanciamenti in risposta ai cambiamenti del mercato o alla tua situazione finanziaria. Questo potrebbe includere l'aggiunta di nuove posizioni, la chiusura di posizioni esistenti o l'adeguamento delle dimensioni delle posizioni.

Opzioni Exotiche per la Diversificazione Avanzata:

Esistono vari tipi di opzioni "esotiche" che possono essere considerate per la diversificazione. Queste includono, ad esempio, opzioni asiatiche, barrier options e opzioni lookback. Mentre queste opzioni possono offrire opportunità uniche, tendono anche ad essere più complesse e potrebbero non essere adatte a tutti gli investitori.

Utilizzo di Opzioni per la Generazione di Reddito:

Un altro aspetto da considerare è l'utilizzo di opzioni per generare reddito nel portafoglio. Questo può essere realizzato vendendo opzioni, come le covered calls. In questo scenario, un investitore detiene un'azione sottostante e vende un'opzione call su di essa, incassando il premio. Questa può essere una strategia utile per generare flussi di cassa regolari, ma viene con il rischio di limitare il potenziale upside dell'azione sottostante.

Diversificazione Tramite Volatilità:

La volatilità è un elemento chiave nella valutazione delle opzioni. Potresti voler includere nel tuo portafoglio opzioni su asset con diversi profili di volatilità. Ad esempio, un'opzione su un'azione molto volatile potrebbe avere un premio più alto rispetto a un'opzione su un'azione meno volatile. Diversificare tra queste opzioni può aiutarti a bilanciare il potenziale di rendimento con il rischio.

Protezione dal Rischio di Mercato:
Le opzioni possono anche essere utilizzate come strumento di hedging o protezione. Se hai preoccupazioni riguardo a possibili cali del mercato o di specifici asset nel tuo portafoglio, potresti considerare l'acquisto di opzioni put come una forma di assicurazione. Queste opzioni aumenteranno di valore se l'asset sottostante dovesse diminuire di prezzo, offrendo una potenziale protezione dalle perdite.

Rendimento e Costo delle Opzioni:
Infine, mentre le opzioni possono offrire opportunità significative, è essenziale considerare i costi associati. Oltre al premio pagato per l'acquisto dell'opzione, potrebbero esserci commissioni e altri costi di transazione. Questi costi possono erodere i rendimenti potenziali, quindi è importante tenerli in considerazione nella pianificazione e nella gestione del portafoglio.

Opzioni su Diversi Tipi di Asset:
Non tutte le opzioni si riferiscono a azioni. Ci
sono opzioni su indici, materie prime, valute e
altri strumenti finanziari. Ad esempio, le opzioni
sul petrolio possono permettere agli investitori di
speculare o proteggersi dalle fluttuazioni dei
prezzi del petrolio. Analogamente, le opzioni su
valuta possono essere utilizzate per coprire il
rischio di cambio in un portafoglio
internazionale.

Gestione delle Scadenze nel Portafoglio:
Le opzioni hanno date di scadenza precise, dopo
le quali perdono valore. Quando si costruisce un
portafoglio di opzioni, è importante bilanciare le
scadenze. Mentre alcune posizioni potrebbero
avere scadenze a breve termine per sfruttare
movimenti di prezzo specifici, altre potrebbero
avere scadenze più lunghe per fornire copertura o
esposizione prolungata.

**Utilizzo di Opzioni su Indici per
Diversificazione:**
Le opzioni su indici, come l'S&P 500, permettono
agli investitori di ottenere esposizione su un
intero mercato o settore piuttosto che su singole
azioni. Questo può offrire una diversificazione
immediata e può essere particolarmente utile in
situazioni in cui si ha una visione chiara sulla

direzione di un intero mercato, ma si è meno certi riguardo alle singole azioni.

Correlazione tra Opzioni e Asset nel Portafoglio:

Mentre si aggiungono opzioni al portafoglio, è fondamentale comprendere come queste opzioni sono correlate con gli altri asset detenuti. Ad esempio, se si detiene una posizione azionaria significativa in un'azienda e si acquistano anche opzioni call su quella stessa azienda, il rischio totale potrebbe essere amplificato. D'altro canto, l'acquisto di opzioni put potrebbe servire come hedging per quella stessa posizione.

Vantaggi della Liquidità e Accesso ai Mercati OTC:

Mentre molte opzioni sono scambiate in borsa e offrono una certa liquidità, esistono anche opzioni negoziate over-the-counter (OTC). Queste opzioni OTC possono essere personalizzate in base alle esigenze specifiche dell'investitore ma tendono a essere meno liquide rispetto alle opzioni standardizzate scambiate in borsa. Tuttavia, possono offrire opportunità uniche e una maggiore flessibilità nella costruzione del portafoglio.

Adattamento alle Condizioni di Mercato Cambianti:

Il mercato delle opzioni è dinamico e richiede una vigilanza costante. Gli eventi di mercato, le notizie macroeconomiche o i risultati aziendali possono influenzare significativamente il prezzo delle opzioni. Di conseguenza, è fondamentale avere una strategia agile e flessibile, pronta ad adattarsi a queste condizioni mutevoli per massimizzare i rendimenti e minimizzare i rischi.

Costruzione di un Portafoglio Multi-Asset:
Un portafoglio di opzioni ben costruito non dovrebbe concentrarsi esclusivamente su un tipo di asset. L'incorporazione di opzioni su diverse classi di asset, come azioni, obbligazioni, materie prime e valute, può aiutare a migliorare la diversificazione e ridurre la volatilità complessiva del portafoglio.

Ponderazione del Portafoglio in Base alla Volatilità Implicita:
La volatilità implicita è un concetto chiave nel mondo delle opzioni. Rappresenta le aspettative del mercato sulla futura volatilità dell'asset sottostante. Monitorando e analizzando la volatilità implicita, un investitore può adattare la ponderazione del suo portafoglio di opzioni per sfruttare le situazioni in cui la volatilità implicita è ritenuta troppo alta o troppo bassa rispetto alle proprie aspettative.

In conclusione, la costruzione di un portafoglio di opzioni diversificato e ben bilanciato richiede una comprensione approfondita dei vari aspetti delle opzioni, dei mercati sottostanti e delle strategie disponibili. Alcuni punti chiave da considerare includono:

1. **Diversificazione di Asset e Settori:** La diversificazione attraverso diversi tipi di asset e settori economici è fondamentale per ridurre il rischio specifico di asset e settore nel tuo portafoglio di opzioni.

2. **Monitoraggio e Adattamento:** Un portafoglio di opzioni richiede una supervisione costante e la capacità di adattarsi alle condizioni di mercato mutevoli. Monitorare la volatilità, le correlazioni e le condizioni macroeconomiche può influire sulla tua strategia.

3. **Scelte di Scadenza:** Bilanciare le scadenze delle opzioni nel tuo portafoglio è essenziale. Posizioni a breve termine possono catturare opportunità immediate, mentre opzioni a lungo termine possono essere utilizzate per investimenti a più lungo respiro.

4. **Gestione dei Costi:** I costi associati alle transazioni di opzioni, inclusi premi, commissioni e spread bid-ask, possono erodere i rendimenti. Valuta attentamente l'impatto dei costi sul tuo portafoglio.

5. **Utilizzo di Opzioni per Diversificazione Globale:** Esplorare opportunità nelle diverse regioni geografiche può aggiungere una dimensione di diversificazione globale al tuo portafoglio di opzioni.

6. **Considerazioni Fiscali:** Comprendere le implicazioni fiscali delle tue operazioni con opzioni è fondamentale per gestire efficacemente il tuo portafoglio e massimizzare i rendimenti netti.

7. **Sperimentazione con Opzioni Esotiche:** Opzioni esotiche offrono opportunità uniche ma spesso sono più complesse. Esamina attentamente come queste opzioni si adattano alle tue strategie e ai tuoi obiettivi.

8. **Ponderazione Basata sulla Volatilità Implicita:** La volatilità implicita può fornire indicazioni su quando le opzioni potrebbero essere sovra o sottovalutate dal mercato. Utilizzare questa misura può guidare la ponderazione delle posizioni nel tuo portafoglio.

9. **Utilizzo di Opzioni come Strumento di Hedging:** Le opzioni possono essere utilizzate sia per scopi speculativi che per proteggere il tuo portafoglio dagli eventi avversi di mercato. Questo aspetto dovrebbe essere valutato alla luce delle tue aspettative e della tua strategia complessiva.

In sintesi, costruire un portafoglio di opzioni richiede un approccio olistico che integri una varietà di considerazioni e strategie. È un processo continuo che richiede attenzione costante al mercato, all'economia e ai tuoi obiettivi personali. Inoltre, è fortemente consigliabile cercare il supporto di un consulente finanziario o di un esperto di opzioni qualificato per garantire che il tuo portafoglio sia ben strutturato e in linea con le tue esigenze finanziarie complessive.

13. Impatto delle Notizie e degli Eventi di Mercato.

Impatto delle Notizie e degli Eventi di Mercato nelle Opzioni:

Le notizie e gli eventi di mercato possono avere un impatto significativo sulle opzioni e rappresentano un elemento chiave nella pianificazione e nella gestione di un portafoglio di opzioni. Ecco come le notizie e gli eventi influenzano le opzioni:

1. Volatilità Estrema:

Le notizie improvvisamente rilevanti, come annunci di guadagni aziendali, decisioni delle banche centrali o eventi geopolitici, possono generare una volatilità estrema nei mercati finanziari. Questo può aumentare notevolmente il valore delle opzioni, poiché il premio temporale incorpora la volatilità attesa. Gli investitori possono trarre vantaggio da queste situazioni attraverso strategie di trading di opzioni basate sulla previsione di un aumento della volatilità.

2. Gap di Prezzo:

Le notizie e gli eventi di mercato possono causare "gap" di prezzo, che rappresentano un salto improvviso tra i prezzi di apertura e chiusura di un asset. Questi gap possono influenzare il valore delle opzioni, specialmente se le opzioni vengono detenute durante il periodo di notizie. Ad esempio, un'opzione call detenuta su un'azione che ha un gap di prezzo al rialzo potrebbe vedere un aumento improvviso nel suo valore.

3. Decisioni Aziendali:

Le notizie relative a decisioni aziendali, come fusioni e acquisizioni, scissioni, o distribuzioni di dividendi, possono avere un impatto diretto sul prezzo delle azioni sottostanti. Questo può influenzare il valore delle opzioni legate a quelle azioni. Ad esempio, le opzioni call su un'azienda bersaglio di un'acquisizione potrebbero vedere un aumento significativo del valore.

4. Risultati di Guadagno:

Gli annunci dei risultati trimestrali o annuali delle aziende possono avere un effetto considerevole sul prezzo delle azioni. Le opzioni call e put su queste aziende possono vedere variazioni significative nei loro prezzi in risposta a risultati che superano o deludono le aspettative del mercato.

5. Decisioni delle Banche Centrali:

Le decisioni sulle politiche dei tassi d'interesse da parte delle banche centrali possono influenzare i mercati globali. Questo può avere un effetto sulle opzioni legate a valute, obbligazioni e azioni di aziende sensibili ai tassi di interesse.

6. Eventi Geopolitici:

Gli eventi geopolitici, come tensioni internazionali o conflitti, possono causare instabilità nei mercati finanziari globali. Questi eventi possono aumentare la volatilità e influenzare il prezzo delle opzioni.

7. Reazioni dei Mercati al Rumore:

È importante notare che i mercati possono anche reagire in modo eccessivo alle notizie e agli eventi, spesso in risposta al "rumore" del mercato. Questo può creare opportunità per gli investitori di opzioni che cercano di sfruttare le reazioni irrazionali del mercato.

In sintesi, le notizie e gli eventi di mercato giocano un ruolo fondamentale nel determinare il prezzo delle opzioni. Gli investitori di opzioni devono essere consapevoli di questi fattori e considerarli attentamente nella loro strategia complessiva. La capacità di analizzare rapidamente le notizie e di adattare le posizioni di opzioni in risposta agli eventi è essenziale per il successo nel trading di opzioni.

Strategie di Trading in Risposta alle Notizie:

Quando si tratta di notizie e eventi di mercato, gli investitori di opzioni possono adottare diverse strategie in base alle loro previsioni e alle loro opinioni sulle implicazioni di tali eventi. Ecco alcune strategie comuni:

1. **Strategie Direzionali:** Gli investitori possono utilizzare opzioni call o put per scommettere sulla direzione futura del prezzo di un asset in risposta a una notizia. Ad esempio, se si prevede che un'azienda pubblicherà risultati positivi, si potrebbe acquistare un'opzione call su quelle azioni prima dell'annuncio dei risultati. In alternativa, se si prevede un calo dei prezzi, si potrebbe optare per l'acquisto di opzioni put.

2. **Strategie Volatilità:** Quando le notizie generano un aumento significativo della volatilità, gli investitori possono sfruttare questa condizione. Una strategia comune è la "straddle," in cui si acquista contemporaneamente un'opzione call e un'opzione put con lo stesso prezzo di esercizio e la stessa scadenza. Questa strategia scommette su una variazione significativa del prezzo, indipendentemente dalla direzione.

3. **Strategie di Copertura:** Gli investitori possono utilizzare opzioni per proteggere il loro portafoglio da movimenti sfavorevoli dei prezzi in risposta a notizie negative. Ad esempio, se si detengono azioni di un'azienda che sta per pubblicare risultati trimestrali incerti, si potrebbe acquistare un'opzione put su quelle azioni per coprire il rischio di un calo dei prezzi.

4. **Strategie di Vendita:** In risposta a notizie favorevoli o all'aumento della volatilità, gli investitori possono optare per strategie di vendita di opzioni, come le covered call o le naked put. Queste strategie mirano a generare reddito dalle opzioni vendendo il premio, ma comportano anche rischi potenziali.

5. **Strategie di Arbitraggio:** Le notizie e gli eventi possono creare opportunità di arbitraggio, specialmente quando si verificano disallineamenti di prezzo tra opzioni o tra opzioni e il loro asset sottostante. Gli arbitraggi cercano di sfruttare queste inefficienze per ottenere guadagni senza rischio.

6. **Strategie di Rollout:** In risposta a notizie o eventi che cambiano le condizioni di mercato, gli investitori possono scegliere di "rollare" le loro posizioni in opzioni. Questo comporta la chiusura di una posizione e l'apertura di una nuova con diverse caratteristiche, ad esempio una scadenza successiva o un prezzo di esercizio diverso.

7. **Strategie di Copertura Delta:** Gli investitori avanzati possono utilizzare strategie di copertura delta per bilanciare il delta delle loro opzioni in modo da mantenere una posizione neutrale rispetto al movimento del prezzo sottostante. Questo può essere utile in risposta a notizie che influenzano l'asset sottostante.

Inoltre, è fondamentale tenere presente che la risposta alle notizie e agli eventi di mercato deve essere basata su un'analisi ponderata e su una pianificazione strategica. L'impulsività può comportare rischi significativi nel trading di opzioni, quindi è consigliabile fare una ricerca approfondita e, se necessario, consultare un consulente finanziario o un esperto di opzioni prima di prendere decisioni di trading basate su notizie e eventi.

Gestione delle Notizie e degli Eventi di Mercato nel Trading di Opzioni:

La gestione delle notizie e degli eventi di mercato nel trading di opzioni richiede una strategia olistica e un'approfondita comprensione del contesto. Ecco ulteriori considerazioni e approfondimenti:

8. Timing delle Operazioni: La tempistica è essenziale quando si reagisce alle notizie. Le opzioni possono rispondere rapidamente alle notizie, quindi è importante essere pronti a prendere decisioni rapide. Alcuni investitori preferiscono attendere che la prima reazione del mercato si stabilizzi prima di agire.

9. Impatto su Diverse Classi di Asset: Diverse classi di asset possono reagire in modo diverso alle stesse notizie. Ad esempio, le notizie economiche possono influenzare le valute, le materie prime e le azioni in modi distinti. Gli investitori di opzioni dovrebbero valutare come queste notizie potrebbero impattare le loro posizioni in diverse asset class.

10. Analisi Fondamentale e Tecnica: Gli investitori possono combinare l'analisi fondamentale (basata sulle notizie e sugli eventi) con l'analisi tecnica (basata su grafici e indicatori) per prendere decisioni più informate. Ad esempio, potrebbero utilizzare i livelli di supporto e resistenza tecnica per determinare i punti di ingresso o di uscita.

11. Rischio di Eventi Imprevisti: Non tutte le notizie e gli eventi possono essere previsti. Eventi imprevisti, noti come "cisne neri," possono causare movimenti di mercato estremi. Gli investitori dovrebbero essere preparati a gestire il rischio associato a tali eventi.

12. Utilizzo di Ordini Stop e Limit: Gli ordini stop e limit possono aiutare gli investitori a gestire le loro posizioni in modo più efficace. Un ordine stop può proteggere da perdite eccessive, mentre un ordine limit può garantire l'esecuzione solo a un prezzo desiderato.

13. Analisi delle Implicazioni a Lungo Termine: Alcune notizie possono avere impatti a lungo termine sul mercato. Ad esempio, i cambiamenti normativi o le tendenze macroeconomiche possono influenzare la direzione dei mercati per un periodo prolungato. Gli investitori dovrebbero considerare come queste notizie potrebbero plasmare le loro strategie di investimento a lungo termine.

14. Diversificazione del Portafoglio: La diversificazione del portafoglio rimane una strategia chiave per mitigare il rischio associato alle notizie e agli eventi di mercato. Avere un portafoglio ben diversificato di opzioni può ridurre l'impatto negativo di una singola notizia su tutto il portafoglio.

15. Pianificazione e Gestione del Capitale: Prima di impegnare grandi somme di denaro in opzioni basate su notizie, è fondamentale stabilire un piano di gestione del capitale. Questo definisce quanto capitale è disposto a rischiare in una singola operazione e in che misura le perdite saranno accettate prima di chiudere una posizione.

16. Formazione Continua: Il mondo delle notizie e degli eventi di mercato è in continua evoluzione. Gli investitori dovrebbero impegnarsi nella formazione continua per rimanere aggiornati sulle tendenze e le dinamiche del mercato e migliorare la loro capacità di prendere decisioni informate.

In breve, gestire notizie ed eventi di mercato nel trading di opzioni richiede una combinazione di conoscenza, disciplina, flessibilità e pianificazione. Gli investitori di opzioni devono essere preparati a reagire alle situazioni in evoluzione, mantenendo sempre l'obiettivo di preservare il capitale e cercare opportunità di guadagno.

Strategie Anticipate vs. Reattive: Nel trading di opzioni, gli investitori possono adottare sia strategie anticipate che reattive rispetto alle notizie e agli eventi di mercato. Le strategie anticipate implicano la presa di posizioni in anticipo rispetto a un evento noto, come un annuncio di guadagni o una decisione di politica monetaria. Le strategie reattive, d'altra parte, implicano l'agire in risposta diretta alle notizie appena divulgate. Entrambe le approcci hanno i loro vantaggi e svantaggi, e la scelta dipenderà dalla propria analisi e strategia di trading.

Conoscere le Date Chiave: È fondamentale tenere traccia delle date chiave relative alle notizie e agli eventi di mercato. Queste possono includere date di annunci di guadagni, riunioni di banche centrali, pubblicazioni di dati economici importanti e altro ancora. Un calendario economico può essere un prezioso strumento per tenere traccia di queste date.

Utilizzo di Opzioni a Scadenza Flessibile: Le opzioni con scadenze flessibili, come le opzioni settimanali, consentono agli investitori di adattarsi rapidamente alle notizie senza essere vincolati a scadenze più lunghe. Queste opzioni offrono una maggiore flessibilità nella gestione delle posizioni in risposta a eventi imprevisti.

Considerare l'Effetto Tempo: Le notizie e gli eventi possono influenzare il tempo rimanente alle scadenze delle opzioni. Ad esempio, se una notizia influisce sul prezzo di un'azione sottostante, ciò può avere un impatto diretto sul valore temporale delle opzioni legate a quella azione. Gli investitori devono valutare come le variazioni nei prezzi sottostanti possono influenzare le loro posizioni.

Mantenere una Mente Aperta: Le notizie e gli eventi possono generare reazioni inaspettate o irrazionali nei mercati finanziari. È importante essere aperti a diverse interpretazioni delle notizie e a diverse direzioni dei prezzi. Ciò può richiedere un adattamento rapido delle strategie di trading.

Imparare dall'Esperienza: L'esperienza è un insegnante prezioso nel trading di opzioni. Tenere un diario di trading può aiutare gli investitori a rivedere le loro decisioni in risposta alle notizie e agli eventi e a imparare dalle loro esperienze passate.

Diversificazione dei Mercati e degli Asset: Gli investitori di opzioni possono diversificare non solo tra diverse opzioni ma anche tra diversi mercati e asset. Ad esempio, possono negoziare opzioni su azioni, valute, materie prime e indici per ridurre il rischio concentrato su un singolo mercato o asset.

Utilizzo di Indicatori di Sentimento: Gli indicatori di sentiment del mercato possono fornire informazioni sulle aspettative dei partecipanti al mercato. Ad esempio, il VIX, noto come "indice della paura," misura la volatilità implicita delle opzioni sull'S&P 500 e può indicare quanto i trader sono preoccupati per le prospettive di mercato.

Analisi del Rapporto Rischio/Rendimento: Prima di intraprendere qualsiasi operazione basata su notizie o eventi, gli investitori dovrebbero valutare attentamente il rapporto rischio/rendimento. Questo significa determinare quanto si è disposti a rischiare rispetto al potenziale guadagno e stabilire un piano di gestione del rischio.

Valutare le Fonti di Notizie: Non tutte le fonti di notizie sono uguali. È importante selezionare fonti di notizie affidabili e confermare le informazioni da più fonti prima di prendere decisioni di trading basate su notizie.

In sintesi, la gestione delle notizie e degli eventi di mercato nel trading di opzioni richiede un approccio completo, dalla pianificazione anticipata alla prontezza a reagire in modo tempestivo. È un aspetto cruciale della strategia di trading e richiede una costante attenzione alle dinamiche del mercato e un adattamento continuo delle strategie.

In conclusione, la gestione delle notizie e degli eventi di mercato nel trading di opzioni è un aspetto cruciale per il successo degli investitori. È un processo dinamico che richiede una serie di competenze e strategie. Di seguito, riassumo i punti chiave da tenere a mente:

1. **Strategie Anticipate vs. Reattive:** Gli investitori possono adottare strategie sia anticipate che reattive rispetto alle notizie. La scelta dipende dalla situazione e dalla propria analisi.

2. **Calendario Economico:** Monitorare le date chiave relative alle notizie e agli eventi è fondamentale per prendere decisioni informate.

3. **Opzioni a Scadenza Flessibile:** Le opzioni con scadenze flessibili offrono maggiore adattabilità nelle risposte alle notizie.

4. **Considerare l'Effetto Tempo:** Le notizie possono influenzare il valore temporale delle opzioni, quindi valutare come questo potrebbe influire sulle posizioni.

5. **Mantenere una Mente Aperta:** Essere flessibili e adattabili alle reazioni di mercato impreviste è essenziale.

6. **Imparare dall'Esperienza:** Tenere un diario di trading aiuta a imparare dagli errori e dalle decisioni passate.

7. **Diversificazione:** Diversificare tra mercati, asset e strategie aiuta a mitigare il rischio.

8. **Indicatori di Sentimento:** Utilizzare indicatori di sentimento può fornire informazioni preziose sulle aspettative del mercato.

9. **Analisi del Rapporto Rischio/Rendimento:** Valutare attentamente il rischio rispetto al potenziale rendimento prima di effettuare operazioni basate su notizie.

10. **Fonti Attendibili:** Utilizzare fonti di notizie attendibili e confermare le informazioni da più fonti.

La gestione delle notizie e degli eventi di mercato nel trading di opzioni richiede disciplina, pianificazione e la capacità di adattarsi rapidamente alle situazioni mutevoli. È importante mantenere sempre l'obiettivo di preservare il capitale e cercare opportunità di guadagno in un ambiente di mercato dinamico. Continuare a migliorare le competenze nel trading di opzioni e rimanere informati sulle tendenze di mercato è essenziale per un successo a lungo termine.

14. Opzioni su Indici e Futures.

Opzioni su Indici e Futures:
Le opzioni su indici e futures sono strumenti finanziari derivati che consentono agli investitori di sfruttare i movimenti dei mercati azionari, dei mercati dei futures e degli indici di mercato. Questi strumenti offrono una serie di vantaggi e opportunità di trading. Ecco una panoramica dettagliata:

1. Opzioni su Indici:

- **Cosa Sono:** Le opzioni su indici consentono di negoziare opzioni basate su un indice di mercato anziché su singole azioni. Ad esempio, il popolare indice S&P 500 ha opzioni negoziabili.
- **Diversificazione:** Investendo in opzioni su indici, gli investitori ottengono una diversificazione automatica su un ampio portafoglio di azioni rappresentato dall'indice sottostante. Questo riduce il rischio associato a un singolo titolo.

- **Hedging:** Gli investitori possono utilizzare opzioni su indici per coprire il loro portafoglio contro la volatilità del mercato. Ad esempio, possono acquistare opzioni put su un indice per proteggersi da una potenziale diminuzione del valore del loro portafoglio.
- **Strategie:** Le strategie con opzioni su indici includono la copertura, il trading direzionale (long call o long put), le strategie di spread e altre strategie complesse che consentono di sfruttare l'andamento dell'indice di riferimento.

2. Opzioni su Futures:

- **Cosa Sono:** Le opzioni su futures consentono di negoziare opzioni basate su contratti futures, che rappresentano accordi per l'acquisto o la vendita di un bene (solitamente una materia prima o una valuta) a una data futura e a un prezzo prefissato.
- **Copertura (Hedging):** Gli operatori commerciali utilizzano spesso opzioni su futures per coprire il rischio di prezzo associato alla loro attività principale. Ad esempio, un produttore di grano può acquistare opzioni su futures per proteggersi da eventuali cali dei prezzi del grano.
- **Leva Finanziaria:** Le opzioni su futures consentono agli investitori di ottenere una leva finanziaria significativa, il che significa che possono controllare una quantità maggiore di contratti rispetto al capitale investito. Questo

offre potenzialmente profitti più elevati, ma comporta anche un rischio maggiore.

- **Strategie Complesse:** Gli operatori avanzati utilizzano spesso strategie complesse con opzioni su futures, come i butterfly spreads o i condor spreads, per cercare di ottenere profitti dalle variazioni dei prezzi dei futures.

3. Differenze tra Opzioni su Indici e Futures:

- **Sottostante:** Le opzioni su indici sono basate su un indice di mercato, mentre le opzioni su futures sono basate su un contratto future specifico.
- **Data di Scadenza:** Le opzioni su indici possono avere scadenze mensili o trimestrali, mentre le opzioni su futures hanno scadenze legate ai contratti future specifici.
- **Liquidità:** Le opzioni su indici tendono ad avere maggiore liquidità rispetto alle opzioni su futures, poiché gli indici di mercato sono spesso più ampiamente seguiti e negoziati.
- **Dividendi:** Le opzioni su indici non pagano dividendi, mentre le opzioni su futures possono essere influenzate da cambiamenti nei tassi di interesse o nei dividendi futuri.

In sintesi, le opzioni su indici e futures sono strumenti versatili che offrono agli investitori una serie di opportunità di trading. La scelta tra opzioni su indici e opzioni su futures dipenderà dalla strategia individuale dell'investitore e dalle aspettative di mercato. È importante comprendere le differenze tra questi due tipi di opzioni e come possono essere utilizzati per raggiungere gli obiettivi di trading specifici.

Strategie con Opzioni su Indici e Futures: Quando si tratta di opzioni su indici e futures, esistono numerose strategie che gli investitori possono utilizzare per sfruttare le variazioni di prezzo, ridurre il rischio o generare reddito. Ecco alcune strategie comuni:

1. Copertura (Hedging):

- **Put di Protezione:** Gli investitori possono acquistare opzioni put su un indice o su un contratto future per proteggersi da un potenziale calo dei prezzi. Ad esempio, un gestore di un fondo comune potrebbe acquistare opzioni put sull'S&P 500 per proteggere il portafoglio dagli eventi di mercato sfavorevoli.

2. Trading Direzionale:

- **Long Call e Long Put:** Queste strategie permettono agli investitori di scommettere sulla direzione futura del prezzo dell'indice o del contratto future. Una long call è utilizzata quando si prevede un aumento dei prezzi, mentre una long put è utilizzata quando si prevede una diminuzione dei prezzi.

3. Strategie di Spread:

- **Spread su Indici:** Gli investitori possono utilizzare spread su indici per sfruttare le differenze di prezzo tra due indici correlati. Ad esempio, un trader potrebbe aprire una posizione long su un indice e una posizione short su un altro indice correlato per sfruttare la convergenza dei prezzi.

- **Spread su Futures:** Le strategie di spread su futures coinvolgono l'acquisto e la vendita contemporanea di due contratti futures correlati. Questo può essere fatto in modo da sfruttare le differenze di prezzo tra i contratti future di scadenze diverse.

4. Strategie di Vendita di Opzioni:

- **Scrittura di Coperte (Covered Call):** Un investitore che possiede l'indice sottostante o il contratto future può vendere opzioni call coperte per generare reddito. Se l'opzione non viene assegnata, l'investitore guadagna il premio. Se viene assegnata, l'investitore è tenuto a vendere l'indice o il contratto future al prezzo di esercizio.

- **Scrittura di Cash-Secured Put:** Gli investitori possono vendere opzioni put cash-secured, impegnandosi a comprare l'indice sottostante o il contratto future al prezzo di esercizio se l'opzione viene assegnata. Questa strategia è utilizzata quando l'investitore è disposto a entrare a lungo in posizioni a un prezzo scontato.

5. Straddle e Strangle:

- **Straddle:** Una strategia straddle coinvolge l'acquisto simultaneo di una call e di una put con lo stesso prezzo di esercizio e la stessa scadenza. Questa strategia scommette su una variazione significativa del prezzo, indipendentemente dalla direzione.
- **Strangle:** Una strategia strangle è simile a uno straddle ma prevede l'acquisto di una call e di una put con prezzi di esercizio diversi. Questa strategia è utilizzata quando si prevede una grande mossa ma non si è sicuri della direzione.

6. Vendita di Opzioni Naked:

- **Vendita di Put Naked:** Gli investitori esperti possono vendere opzioni put naked, assumendosi l'obbligo di acquistare l'indice sottostante o il contratto future al prezzo di esercizio. Questa strategia può generare reddito ma comporta un rischio significativo.

Queste sono solo alcune delle molte strategie che gli investitori possono utilizzare con opzioni su indici e futures. La scelta della strategia dipenderà dalle prospettive di mercato, dalla tolleranza al rischio e dagli obiettivi di investimento dell'individuo. È fondamentale comprendere completamente le strategie e il loro funzionamento prima di impegnarsi in operazioni complesse con opzioni su indici e futures.

7. Strategia Iron Condor:

L'Iron Condor è una strategia avanzata che coinvolge quattro opzioni su indici o futures, creando un "condor" di opzioni put e call. Questa strategia è utilizzata quando si prevede che l'indice o il contratto future rimarrà entro una determinata fascia di prezzo durante un periodo specifico. Ecco come funziona:

- **Passo 1: Vendita di Opzioni Call Out-of-the-Money (OTM):** Iniziamo vendendo opzioni call OTM con un prezzo di esercizio superiore al prezzo corrente dell'indice o del contratto future. Questa vendita genera un premio.

- **Passo 2: Acquisto di Opzioni Call OTM di Livello Superiore:** Per proteggere la vendita delle opzioni call, acquistiamo opzioni call con un prezzo di esercizio ancora più alto. Queste opzioni call funzionano come un limite superiore alla perdita potenziale.

- **Passo 3: Vendita di Opzioni Put OTM:** Parallelamente alla vendita delle opzioni call, vendiamo anche opzioni put OTM con un prezzo di esercizio inferiore al prezzo corrente dell'indice o del contratto future. Questa vendita genera un secondo premio.

- **Passo 4: Acquisto di Opzioni Put OTM di Livello Inferiore:** Per proteggere la vendita delle opzioni put, acquistiamo opzioni put con un prezzo di esercizio ancora più basso. Queste opzioni put funzionano come un limite inferiore alla perdita potenziale.

L'obiettivo dell'Iron Condor è guadagnare i premi dalla vendita delle opzioni call e put, mentre si limita il rischio con l'acquisto delle opzioni call e put di livello superiore e inferiore. La strategia è redditizia se l'indice o il contratto future rimane all'interno della "fascia di profitto" definita dai prezzi di esercizio delle quattro opzioni. Tuttavia, se il sottostante si sposta al di fuori di questa fascia, le perdite potrebbero superare i premi guadagnati.

8. Strategia Calendar Spread:

La strategia del Calendar Spread coinvolge l'utilizzo di opzioni con diverse scadenze per sfruttare le differenze nel valore temporale. Questa strategia è utilizzata quando si prevede che l'indice o il contratto future avrà una variazione limitata nel breve termine ma potrebbe avere una variazione maggiore nel lungo termine. Ecco come funziona:

- **Passo 1: Acquisto di Opzioni Call o Put a Lungo Termine:** Iniziamo acquistando un'opzione call o put con una scadenza a lungo termine, che ci dà il diritto di acquistare o vendere l'indice o il contratto future a un prezzo fissato nel futuro.

- **Passo 2: Vendita di Opzioni Call o Put a Breve Termine:** Contemporaneamente, vendiamo un'opzione call o put con una scadenza più breve, ma con lo stesso prezzo di esercizio dell'opzione a lungo termine. Questa vendita genera un premio.

La chiave della strategia del Calendar Spread è che il valore temporale dell'opzione a breve termine si degraderà più rapidamente rispetto all'opzione a lungo termine. Se l'indice o il contratto future rimane stabile o subisce piccole variazioni nel breve termine, il trader può trarre profitto dalla diminuzione del valore temporale dell'opzione a breve termine.

9. Strategia Butterfly Spread:

Il Butterfly Spread è una strategia complessa che coinvolge tre diverse opzioni su indici o futures con lo stesso prezzo di esercizio. Questa strategia è utilizzata quando si prevede che l'indice o il contratto future avrà una variazione minima nei prezzi. Ecco come funziona:

- **Passo 1: Acquisto di un'Opzione Call o Put a Prezzo di Esercizio Centrale:** Iniziamo acquistando un'opzione call o put con un prezzo di esercizio al centro del nostro intervallo di previsione.

- **Passo 2: Vendita di due Opzioni Call o Put a Prezzo di Esercizio Inferiore:** Contemporaneamente, vendiamo due opzioni call o put con un prezzo di esercizio inferiore, equidistanti dal prezzo di esercizio centrale.

- **Passo 3: Acquisto di un'Opzione Call o Put a Prezzo di Esercizio Superiore:** Infine, acquistiamo un'opzione call o put con un prezzo di esercizio superiore, alla stessa distanza dal prezzo di esercizio centrale.

Il risultato è una "ala di farfalla" di opzioni con una perdita limitata e un potenziale guadagno limitato. Questa strategia è redditizia se l'indice o il contratto future rimane all'interno dell'intervallo dei prezzi di esercizio. Il Butterfly Spread è particolarmente efficace quando si prevede che il mercato sia piatto o abbia una variazione minima nei prezzi.

10. Strategia Ratio Spread:

La strategia Ratio Spread coinvolge la combinazione di opzioni call o put con rapporti diversi tra le opzioni acquistate e vendute. Questa strategia è utilizzata quando si prevede una direzione specifica ma con una moderata variazione dei prezzi. Ecco come funziona:

- **Passo 1: Acquisto di un Numero Maggiore di Opzioni a Prezzo di Esercizio Inferiore:** Iniziamo acquistando un numero maggiore di opzioni call o put con un prezzo di esercizio inferiore rispetto a quelle vendute.

- **Passo 2: Vendita di un Numero Minore di Opzioni a Prezzo di Esercizio Superiore:** Contemporaneamente, vendiamo un numero minore di opzioni call o put con un prezzo di esercizio superiore.

Il risultato è una posizione che ha un potenziale di guadagno limitato ma un rischio limitato. La strategia Ratio Spread è ideale quando si prevede una variazione moderata ma direzionale dei prezzi.

Queste sono alcune delle strategie avanzate che gli investitori possono utilizzare con opzioni su indici e futures. Ognuna di queste strategie offre una combinazione unica di rischio e potenziale guadagno, ed è importante selezionare la strategia che meglio si adatta alle proprie aspettative di mercato e obiettivi di investimento. La comprensione completa delle strategie e la pratica sono essenziali prima di impegnarsi in operazioni complesse con opzioni.

11. Strategia Ratio Calendar Spread:

La strategia Ratio Calendar Spread è una variazione della strategia Calendar Spread che coinvolge un numero diverso di opzioni a breve e lungo termine. Questa strategia è utilizzata quando si prevede una moderata variazione dei prezzi nel breve termine e una maggiore variazione nel lungo termine. Ecco come funziona:

- **Passo 1: Acquisto di Opzioni Call o Put a Lungo Termine:** Iniziamo acquistando un numero maggiore di opzioni call o put con una scadenza a lungo termine, che ci dà il diritto di acquistare o vendere l'indice o il contratto future a un prezzo fissato nel futuro.

- **Passo 2: Vendita di Opzioni Call o Put a Breve Termine:** Contemporaneamente, vendiamo un numero inferiore di opzioni call o put con una scadenza più breve, ma con lo stesso prezzo di esercizio delle opzioni a lungo termine. Questa vendita genera un premio.

La chiave della strategia Ratio Calendar Spread è che ci sono più opzioni a lungo termine rispetto alle opzioni a breve termine. Se l'indice o il contratto future rimane stabile o subisce piccole variazioni nel breve termine, il trader può trarre profitto dalla diminuzione del valore temporale delle opzioni a breve termine. Se si verifica una significativa variazione dei prezzi nel lungo termine, l'opzione a lungo termine può beneficiare di questo movimento.

12. Strategia Diagonal Spread:

La strategia Diagonal Spread è una combinazione di opzioni call o put con prezzi di esercizio e scadenze diverse. Questa strategia è utilizzata quando si prevede una direzione specifica ma con una variazione moderata dei prezzi. Ecco come funziona:

- **Passo 1: Acquisto di un'Opzione Call o Put a Scadenza a Lungo Termine:** Iniziamo acquistando un'opzione call o put con una scadenza a lungo termine e un prezzo di esercizio vicino al prezzo corrente dell'indice o del contratto future.

- **Passo 2: Vendita di un'Opzione Call o Put a Scadenza a Breve Termine:** Contemporaneamente, vendiamo un'opzione call o put con una scadenza più breve, ma con un prezzo di esercizio diverso da quello dell'opzione a lungo termine. Questa vendita genera un premio.

La strategia Diagonal Spread offre un'opportunità di profitto dalla combinazione di un movimento moderato dei prezzi e dalla diminuzione del valore temporale dell'opzione a breve termine. Tuttavia, è importante notare che questa strategia ha un limite inferiore e superiore ai profitti, a seconda dei prezzi di esercizio delle opzioni.

13. Strategia Iron Butterfly:

L'Iron Butterfly è una strategia complessa che coinvolge quattro opzioni call o put con prezzi di esercizio diversi, creando una "farfalla di ferro". Questa strategia è utilizzata quando si prevede che l'indice o il contratto future rimarranno stabili e che la volatilità diminuirà. Ecco come funziona:

- **Passo 1: Vendita di Opzioni Call o Put a Prezzo di Esercizio Centrale:** Iniziamo vendendo opzioni call o put con un prezzo di esercizio al centro del nostro intervallo di previsione.
- **Passo 2: Acquisto di Opzioni Call o Put a Prezzo di Esercizio Vicino al Centrale:** Contemporaneamente, acquistiamo opzioni call o put con prezzi di esercizio vicini a quelli delle opzioni vendute.
- **Passo 3: Acquisto di Opzioni Call o Put a Prezzo di Esercizio Lontano dal Centrale:** Infine, acquistiamo opzioni call o put con prezzi di esercizio molto lontani da quelli delle opzioni vendute.

Il risultato è una posizione che ha un potenziale di guadagno limitato ma un rischio limitato. L'Iron Butterfly è redditizio se l'indice o il contratto future rimane all'interno dell'intervallo dei prezzi di esercizio. Questa strategia è particolarmente efficace quando si prevede una bassa volatilità e una variazione minima dei prezzi.

Queste sono alcune delle strategie avanzate che gli investitori possono utilizzare con opzioni su indici e futures. Ognuna di queste strategie offre un mix unico di rischio e potenziale guadagno ed è adatta a situazioni di mercato specifiche. È importante comprendere appieno le strategie e la loro applicazione prima di intraprendere operazioni complesse con opzioni.

14. Strategia Covered Call su Indici e Futures:

La strategia Covered Call è una delle più popolari tra gli investitori che detengono indici o contratti futures. Questa strategia coinvolge la vendita di opzioni call su un indice o un contratto future che si possiede già. Ecco come funziona:

- **Passo 1: Possesso dell'Indice o del Contratto Future:** Si inizia possedendo l'indice o il contratto future sottostante. Questo può essere fatto attraverso l'acquisto diretto dell'indice o del contratto future o tramite l'uso di strumenti finanziari correlati.

- **Passo 2: Vendita di Opzioni Call:** Contemporaneamente alla detenzione dell'indice o del contratto future, si vendono opzioni call su di esso. Si sceglie un prezzo di esercizio superiore al prezzo corrente del sottostante. La vendita delle opzioni call genera un premio che diventa un guadagno immediato.

La strategia Covered Call è utilizzata per generare reddito aggiuntivo dai propri investimenti. Se l'indice o il contratto future rimane stabile o ha una leggera variazione al rialzo, il premio della call venduta è il profitto massimo che si può ottenere. Tuttavia, se il sottostante ha una significativa crescita, il profitto sarà limitato al prezzo di esercizio della call venduta. Questa strategia è adatta per investitori che desiderano generare un flusso di reddito costante mentre mantengono la loro posizione a lungo termine.

15. Margini e Requisiti per le Opzioni su Indici e Futures:

Quando si negoziano opzioni su indici o futures, è essenziale comprendere i requisiti di margine. Il margine rappresenta la quantità di denaro necessaria per coprire le posizioni delle opzioni e varia in base alla complessità della strategia e alla volatilità del sottostante. È importante notare che la negoziazione di opzioni su indici e futures può richiedere margini significativi a causa della leva finanziaria coinvolta.

16. Gestione del Rischio con Opzioni su Indici e Futures:

La gestione del rischio è fondamentale quando si negoziano opzioni su indici e futures. Ecco alcune strategie di gestione del rischio:

- **Stop-loss:** Utilizzare ordini stop-loss per limitare le perdite in caso di movimenti sfavorevoli del mercato. Impostare un livello di prezzo al di sotto del quale la posizione verrà liquidata automaticamente.
- **Diversificazione:** Diversificare il portafoglio di opzioni su indici e futures per ridurre il rischio

complessivo. Non concentrarsi su una sola strategia o posizione.

- **Dimensione della Posizione:** Determinare la dimensione della posizione in base al proprio capitale e alla tolleranza al rischio. Non mettere a rischio più di quanto si sia disposti a perdere.
- **Pianificazione Finanziaria:** Avere un piano finanziario solido e un budget per il trading con opzioni su indici e futures. Stabilire obiettivi di investimento chiari e rispettarli.

17. Strumenti e Piattaforme di Trading:

Scegliere la piattaforma di trading giusta e utilizzare gli strumenti analitici disponibili è essenziale per il successo nelle opzioni su indici e futures. Le piattaforme di trading offrono grafici avanzati, indicatori tecnici e strumenti di analisi che possono aiutare gli investitori a prendere decisioni informate.

18. Tassazione delle Opzioni su Indici e Futures:

È importante comprendere le implicazioni fiscali delle transazioni con opzioni su indici e futures. Le tasse possono variare a seconda del paese di residenza e delle leggi fiscali locali. Spesso, le transazioni con opzioni sono soggette a tasse sulle plusvalenze o sulle transazioni finanziarie.

19. Monitoraggio Costante del Mercato:

Il mercato delle opzioni su indici e futures è altamente dinamico. È essenziale monitorare costantemente il mercato e adattare la strategia in base alle condizioni attuali. L'informazione e la tempestività sono cruciali nel trading di opzioni.

20. Apprendimento Continuo:

Il trading di opzioni su indici e futures richiede un impegno costante nell'apprendimento e nell'aggiornamento delle conoscenze. Gli investitori dovrebbero rimanere informati sulle tendenze di mercato, i nuovi strumenti e le strategie emergenti.

Spero che queste informazioni aggiuntive ti abbiano fornito una panoramica completa delle opzioni su indici e futures, nonché delle considerazioni importanti per diventare un trader di successo in questo mercato. Come sempre, il trading comporta rischi, e è importante agire con prudenza, pianificazione e consapevolezza dei rischi coinvolti.

21. Opzioni su Indici di Azioni:

Le opzioni su indici di azioni consentono agli investitori di negoziare non solo su singole azioni ma anche su un paniere di azioni rappresentato da un indice. Questo offre diversi vantaggi:

- **Diversificazione:** Gli indici di azioni sono rappresentativi di un'ampia gamma di società, il che consente una maggiore diversificazione del portafoglio. Le opzioni su indici consentono agli investitori di sfruttare questa diversificazione.

- **Copertura (Hedging):** Gli investitori possono utilizzare opzioni su indici per coprire il rischio del loro portafoglio azionario. Ad esempio, se si possiedono azioni in un settore specifico, è possibile utilizzare opzioni su un indice che rappresenta quel settore per proteggersi da una diminuzione del valore delle azioni.

- **Esposizione a Mercati Amplier:** Gli indici di azioni rappresentano spesso mercati o settori specifici, come l'indice S&P 500 per il mercato azionario statunitense. Gli investitori possono ottenere esposizione a questi mercati più ampi attraverso opzioni su indici.

- **Differenze di Liquidità:** La liquidità delle opzioni su indici di azioni può variare a seconda dell'indice specifico. Ad esempio, le opzioni sull'S&P 500 tendono ad essere più liquide rispetto alle opzioni su indici meno conosciuti. La liquidità è importante perché influisce sulla facilità di acquisto e vendita delle opzioni.

22. Opzioni su Futures su Commodities: Le opzioni su futures su commodities consentono agli investitori di sfruttare i movimenti dei prezzi delle materie prime, come petrolio, oro, grano e molto altro. Ecco alcune considerazioni chiave:

- **Copertura (Hedging):** Le aziende che operano nell'industria delle materie prime, come le aziende petrolifere o agricole, possono utilizzare opzioni su futures su commodities per coprire il rischio legato alle variazioni dei prezzi delle materie prime.

- **Speculazione:** Gli investitori possono speculare sui movimenti dei prezzi delle materie prime utilizzando opzioni su futures. Ad esempio, se si prevede un aumento del prezzo dell'oro, è possibile acquistare opzioni call su futures sull'oro per trarre profitto da tale aumento.

- **Esposizione a Settori Specifici:** Le opzioni su futures su commodities consentono agli investitori di ottenere esposizione a settori specifici dell'economia, come l'energia, l'agricoltura o i metalli preziosi.

- **Rischi Legati alle Materie Prime:** Le materie prime sono soggette a rischi specifici, come la fluttuazione dei prezzi dovuta a eventi meteorologici, politici o economici. Gli investitori dovrebbero essere consapevoli di questi rischi quando negoziano opzioni su futures su commodities.

23. Spread di Opzioni su Indici e Futures: I "spread" sono strategie di trading che coinvolgono la combinazione di opzioni con diversi prezzi di esercizio o scadenze. Ci sono molti tipi di spread, tra cui il "bull spread" (spread al rialzo) e il "bear spread" (spread al ribasso), che consentono agli investitori di sfruttare diverse prospettive di mercato.

- **Bull Spread:** Questa strategia coinvolge l'acquisto di un'opzione call con un prezzo di esercizio inferiore e la vendita simultanea di un'opzione call con un prezzo di esercizio superiore. Si utilizza quando si prevede un aumento moderato del prezzo del sottostante.
- **Bear Spread:** Questa strategia coinvolge l'acquisto di un'opzione put con un prezzo di esercizio inferiore e la vendita simultanea di un'opzione put con un prezzo di esercizio superiore. Si utilizza quando si prevede una diminuzione moderata del prezzo del sottostante.
- **Calendar Spread:** Come discusso in precedenza, il Calendar Spread coinvolge l'uso di opzioni con diverse scadenze per sfruttare le differenze nel valore temporale. Questa strategia può essere applicata sia agli indici che ai futures.
- **Straddle e Strangle:** Queste sono strategie che coinvolgono l'acquisto di opzioni call e put con lo stesso prezzo di esercizio (Straddle) o con prezzi di esercizio diversi ma vicini (Strangle). Sono utilizzate quando si prevede una significativa volatilità del prezzo del sottostante, ma non si ha certezza sulla direzione del movimento.

I spread di opzioni su indici e futures consentono agli investitori di gestire il rischio e sfruttare diverse prospettive di mercato. Tuttavia, è importante comprendere le dinamiche di queste strategie e come influiscono sul potenziale profitto e sul rischio complessivo.

24. Analisi Fondamentale vs. Analisi Tecnica:

Nel trading di opzioni su indici e futures, gli investitori utilizzano spesso due approcci principali per prendere decisioni di trading: l'analisi fondamentale e l'analisi tecnica.

- **Analisi Fondamentale:** Questo approccio coinvolge l'esame dei fondamentali economici e finanziari dell'indice o del contratto future sottostante. Gli investitori analizzano indicatori come i dati macroeconomici, i bilanci delle società e i tassi di interesse per valutare il valore intrinseco del sottostante e prendere decisioni di trading basate su queste informazioni.

- **Analisi Tecnica:** L'analisi tecnica, d'altra parte, si concentra sull'esame dei movimenti passati dei prezzi e sull'identificazione di modelli, indicatori e trend. Gli investitori utilizzano grafici e indicatori tecnici per prendere decisioni di trading. Questo approccio si basa sull'idea che i prezzi si muovano in tendenze e che queste tendenze possano essere previste analizzando i dati storici dei prezzi.

Entrambi gli approcci hanno i loro sostenitori, e molti investitori utilizzano una combinazione di analisi fondamentale e tecnica per prendere decisioni di trading informate. La scelta tra questi approcci dipenderà dalla propria strategia di trading e dalle proprie preferenze personali.

25. Considerazioni Fiscali Internazionali:

Se si negoziano opzioni su indici o futures in mercati internazionali, è importante considerare le implicazioni fiscali. Le tasse sulle plusvalenze e le regole fiscali possono variare notevolmente da un paese all'altro, quindi è fondamentale essere consapevoli di queste differenze e cercare consulenza fiscale se necessario.

Inoltre, è importante tenere traccia delle normative fiscali in evoluzione che possono influire sul trading di opzioni su indici e futures. Ad esempio, alcune giurisdizioni possono introdurre nuove tasse o regolamenti che hanno un impatto sulle transazioni finanziarie.

La consapevolezza delle considerazioni fiscali internazionali è essenziale per evitare sorprese fiscali inaspettate e per garantire la conformità alle leggi locali.

Spero che queste ulteriori informazioni ti abbiano fornito una visione ancora più approfondita del mondo delle opzioni su indici e futures. Questi mercati offrono molte opportunità, ma è importante comprendere appieno i diversi aspetti e rischi associati a questa forma di trading. Continua a studiare e ad acquisire esperienza per diventare un trader di successo in questo campo.

In conclusione, le opzioni su indici e futures rappresentano un mondo affascinante e complesso nel mondo degli investimenti. Questi strumenti finanziari offrono agli investitori la possibilità di sfruttare una vasta gamma di strategie per trarre profitto da movimenti di mercato, coprire il rischio del portafoglio e diversificare gli investimenti. Tuttavia, è importante ricordare che il trading di opzioni su indici e futures comporta rischi significativi e richiede una conoscenza approfondita e un'attenta pianificazione.

Ecco alcuni punti chiave da tenere a mente quando si negoziano opzioni su indici e futures:

1. **Comprendere le Opzioni:** È fondamentale avere una solida comprensione delle opzioni, dei loro componenti e delle strategie disponibili. Ciò include la conoscenza di concetti come il prezzo di esercizio, la scadenza, il sottostante e il valore temporale.

2. **Scegliere la Strategia Giusta:** Ogni situazione di mercato richiede una strategia adatta. Considera attentamente la tua prospettiva di mercato, il tuo livello di rischio e il tuo obiettivo prima di selezionare una strategia specifica.

3. **Gestione del Rischio:** La gestione del rischio è cruciale. Utilizza stop-loss, determina la

dimensione della posizione in base al tuo capitale
e diversifica il portafoglio per ridurre i rischi.

4. **Apprendimento Continuo:** Il mercato delle
   opzioni su indici e futures è in costante
   evoluzione. Continua a studiare e rimanere
   aggiornato sulle nuove strategie, gli strumenti
   analitici e le regolamentazioni.

5. **Considerazioni Fiscali:** Comprendi le
   implicazioni fiscali delle tue attività di trading. Le
   leggi fiscali possono variare da paese a paese e
   possono influire sulle tue decisioni di trading e
   sulle tue passività fiscali.

6. **Monitoraggio Costante:** I mercati finanziari
   sono dinamici. Monitora costantemente il tuo
   portafoglio e il mercato per adattarti alle nuove
   condizioni e opportunità.

7. **Consulenza Professionale:** Se necessario,
   consulta un consulente finanziario o fiscale.
   Possono offrire consigli personalizzati in base
   alla tua situazione finanziaria e agli obiettivi di
   investimento.

Le opzioni su indici e futures offrono una gamma
di possibilità per gli investitori, ma richiedono
anche un impegno significativo in termini di
conoscenze e attenzione. Con una pianificazione
adeguata, una gestione del rischio responsabile e
un costante apprendimento, è possibile sfruttare
al meglio queste opportunità di investimento.

15. Opzioni Esotiche e Complesse: Barrier Options, Asian Options, ecc.

Nel mondo delle opzioni esistono varie tipologie più complesse ed esotiche rispetto alle opzioni call e put standard. Queste opzioni sono progettate per soddisfare esigenze specifiche degli investitori o per affrontare scenari di mercato più complessi. Ecco alcune di esse:

Barrier Options:

- **Opzioni Knock-In (In):** In queste opzioni, il contratto diventa attivo solo quando il prezzo del sottostante raggiunge un determinato livello di barriera. Ad esempio, una Knock-In call diventa attiva solo quando il prezzo dell'attività sottostante supera una soglia specifica.

- **Opzioni Knock-Out (Out):** Le opzioni Knock-Out, al contrario, vengono annullate quando il prezzo del sottostante tocca una barriera specifica. Ad esempio, una Knock-Out call viene annullata se il prezzo scende al di sotto di una certa soglia.

Asian Options:

- **Opzioni Asian Call/Put:** In queste opzioni, il payoff dipende dal prezzo medio del sottostante durante un periodo specifico anziché dal prezzo al momento della scadenza. Le opzioni Asian sono progettate per ridurre la volatilità associata al prezzo dell'attività sottostante.

Opzioni Bermuda:

- Queste opzioni consentono all'investitore di esercitare l'opzione solo in determinati momenti prestabiliti durante il periodo di validità del contratto, a differenza delle opzioni europee, che possono essere esercitate solo alla scadenza.

Opzioni Barrier Digital:

- Queste opzioni pagano una somma fissa se il prezzo del sottostante supera una barriera specifica. Sono spesso utilizzate per scommettere su movimenti direzionali molto forti.

Opzioni Lookback:

- In queste opzioni, il payoff dipende dal prezzo massimo (Lookback call) o dal prezzo minimo (Lookback put) raggiunto dall'attività sottostante durante il periodo di validità del contratto.

Opzioni Rainbow:

- Le opzioni Rainbow dipendono da più di un sottostante. Il loro payoff è basato sulla performance di un paniere di asset anziché su un singolo.

Opzioni Quanto:

- Le opzioni quanto sono denominate in una valuta diversa da quella del sottostante. Queste opzioni permettono agli investitori di gestire il rischio legato ai tassi di cambio.

Opzioni Compound:

- Le opzioni compound sono opzioni su opzioni. Consentono all'investitore di esercitare un'altra opzione in un momento successivo. Sono particolarmente complesse e vengono utilizzate per strategie avanzate di copertura e speculazione.

Opzioni Binomiali e Trinomiali:

- Queste sono versioni più complesse dei modelli di valutazione delle opzioni Black-Scholes. Utilizzano una serie di passaggi discreti per valutare l'opzione, consentendo di modellare scenari più complessi e rendendo possibile l'analisi di opzioni con pagamenti discontinui. Le opzioni esotiche e complesse offrono una gamma più ampia di possibilità di trading rispetto alle opzioni call e put standard. Tuttavia, sono anche più difficili da valutare e richiedono una comprensione avanzata dei modelli di pricing e delle strategie di trading. Prima di utilizzare opzioni esotiche, è essenziale acquisire una conoscenza approfondita e considerare attentamente i rischi e i costi associati a queste strategie.

Opzioni Ratchet:

- Le opzioni ratchet sono un tipo di opzione esotica il cui prezzo di esercizio varia in base al prezzo del sottostante. Ad esempio, in un'opzione ratchet call, il prezzo di esercizio aumenta ogni volta che il prezzo del sottostante supera un certo livello predeterminato. Questo può rendere l'opzione più attraente per gli investitori che cercano di partecipare a trend di mercato a lungo termine.

Opzioni Chooser:

- Le opzioni chooser sono un tipo di opzione in cui l'investitore ha la flessibilità di scegliere se esercitare l'opzione call o put in una data specifica durante il periodo di validità del contratto. Questa flessibilità può essere utile quando gli investitori sono incerti riguardo alla direzione del mercato.

Opzioni Compound Forward Start:

- Queste opzioni combinano elementi di opzioni compound e opzioni forward start. In un'opzione compound forward start, l'opzione composta è attivata solo a una data futura specifica. Questo tipo di opzione può essere utilizzato per proteggere o speculare su movimenti futuri del mercato.

Opzioni Cliquet:

- Le opzioni cliquet, conosciute anche come opzioni accrescimento o opzioni ladder, consentono all'investitore di fissare il prezzo di esercizio periodicamente durante il periodo di validità del contratto. Questo può aiutare a garantire profitti accumulati nel tempo, a differenza delle opzioni tradizionali in cui il payoff è basato solo sul prezzo alla scadenza.

Opzioni Forward Start:

- Le opzioni forward start sono un tipo di opzione in cui il periodo di validità inizia in una data futura prefissata anziché al momento dell'acquisto. Ciò offre all'investitore la possibilità di adattare l'opzione a un contesto di mercato specifico che si prevede si verificherà in futuro.

Opzioni Cliquet:

- Le opzioni cliquet, conosciute anche come opzioni accrescimento o opzioni ladder, consentono all'investitore di fissare il prezzo di esercizio periodicamente durante il periodo di validità del contratto. Questo può aiutare a garantire profitti accumulati nel tempo, a differenza delle opzioni tradizionali in cui il payoff è basato solo sul prezzo alla scadenza.

Opzioni Parisian e Bermuda Reverse Convertible:

- Questi sono tipi di opzioni che includono condizioni speciali legate al prezzo del sottostante. Ad esempio, in un'opzione Parisian, l'opzione può essere annullata se il prezzo del sottostante tocca una determinata barriera per un periodo specifico. Le Bermuda Reverse Convertible consentono all'emittente di rimborso in azioni invece che in contanti, il che può essere un aspetto interessante per gli investitori. Queste sono solo alcune delle opzioni esotiche e complesse disponibili. È importante sottolineare che queste opzioni sono spesso meno liquide e più complesse da valutare rispetto alle opzioni standard, il che le rende adatte solo a investitori esperti. Prima di utilizzare qualsiasi tipo di opzione esotica, è consigliabile acquisire una comprensione completa delle loro caratteristiche e dei rischi associati.

Opzioni Quasi-Lineari:

- Le opzioni quasi-lineari sono una variazione delle opzioni esotiche in cui il payoff è legato in modo non lineare al prezzo del sottostante. Queste opzioni possono avere una struttura complicata in cui il payoff può cambiare in modo irregolare in base al comportamento del sottostante.

Opzioni Step-Up e Step-Down:

- Le opzioni Step-Up aumentano il prezzo di esercizio in base a una serie di criteri o a intervalli di tempo prestabiliti. Al contrario, le opzioni Step-Down diminuiscono il prezzo di esercizio in base agli stessi criteri o intervalli. Questo può creare dinamiche di payoff uniche.

Opzioni Lookback di Secondo Ordine:

- Queste opzioni incorporano un elemento di "lookback" non solo nel prezzo di esercizio, ma anche nel tempo di esercizio. Ad esempio, un'opzione lookback di secondo ordine potrebbe permettere all'investitore di esercitare l'opzione in qualsiasi momento durante il periodo di validità, ma il prezzo di esercizio sarebbe basato sul prezzo minimo raggiunto durante tale periodo.

Opzioni Timer:

- Le opzioni timer consentono all'investitore di impostare un timer che determina quando l'opzione può essere esercitata. Questo timer può essere legato a eventi specifici o a una scadenza temporale.

Opzioni Barrier con Multi-Barriere:

- In alcune opzioni barrier, possono essere definite più di una barriera. Ad esempio, un'opzione barrier con multi-barriere potrebbe avere una barriera superiore e una barriera inferiore. Il pagamento dipenderà da quali di queste barriere vengono toccate o superate.

Opzioni Forward Reset:

- Queste opzioni consentono all'investitore di riportare il prezzo di esercizio a un livello specifico a una data futura prestabilita. Ciò può essere utile per aggiornare il prezzo di esercizio in base alle condizioni di mercato.

Opzioni Rainbows Exotic:

- Le opzioni rainbow exotic sono una versione più complessa delle opzioni rainbow standard. Queste opzioni coinvolgono una combinazione di sottostanti diversi e possono avere regole di payoff più elaborate.

Opzioni Trigger:

- Le opzioni trigger hanno condizioni specifiche che devono essere soddisfatte affinché l'opzione sia attiva. Ad esempio, l'opzione potrebbe essere attivata solo se il prezzo del sottostante raggiunge una determinata soglia o se si verifica un evento specifico di mercato.

Queste sono solo alcune delle opzioni esotiche e complesse che possono essere utilizzate nei mercati finanziari. Ognuna di queste opzioni ha le proprie caratteristiche uniche e richiede una comprensione approfondita per essere utilizzata in modo efficace. Gli investitori che considerano l'utilizzo di opzioni esotiche dovrebbero farlo con cautela e, se necessario, cercare consulenza da parte di esperti o consulenti finanziari.

In conclusione, le opzioni esotiche e complesse rappresentano una categoria avanzata di strumenti finanziari derivati che offrono una vasta gamma di possibilità di trading. Tuttavia, a causa della loro complessità e della natura non lineare dei loro payoff, queste opzioni sono adatte solo a investitori esperti e istituzionali che hanno una solida comprensione dei mercati finanziari, dei modelli di pricing e dei rischi associati.

Ecco alcuni punti chiave da considerare riguardo alle opzioni esotiche e complesse:

1. **Conoscenza Approfondita:** Prima di utilizzare qualsiasi tipo di opzione esotica, è essenziale acquisire una conoscenza approfondita delle loro caratteristiche e delle dinamiche di pricing. Questo richiede tempo e studio dedicato.

2. **Rischio Elevato:** Le opzioni esotiche possono comportare rischi significativi e possono essere soggette a perdite elevate. È importante comprendere completamente i potenziali rischi prima di impegnarsi in operazioni con queste opzioni.

3. **Strategia Chiara:** Gli investitori devono avere una strategia chiara e ben definita quando si tratta di opzioni esotiche. Questo include la determinazione degli obiettivi di trading, della gestione del rischio e dell'identificazione di scenari di mercato appropriati per l'utilizzo di tali opzioni.

4. **Consultazione Esperta:** Data la loro complessità, è consigliabile consultare esperti finanziari o consulenti specializzati nelle opzioni esotiche prima di intraprendere qualsiasi operazione. Possono offrire consigli

personalizzati e aiutare a valutare le opportunità e i rischi.

5. **Liquidità Limitata:** Molte opzioni esotiche hanno una liquidità limitata sul mercato, il che può rendere difficile l'ingresso e l'uscita dalle posizioni. Gli investitori devono essere pronti a gestire questa sfida.

6. **Monitoraggio Costante:** A causa della loro complessità, le opzioni esotiche richiedono un monitoraggio costante del mercato e del proprio portafoglio. È necessario adattarsi rapidamente a cambiamenti nelle condizioni di mercato.

7. **Strumenti di Valutazione Adeguati:** Gli investitori dovrebbero utilizzare strumenti di valutazione adeguati, che possono includere modelli di pricing specifici per opzioni esotiche o software di analisi finanziaria avanzata.

In definitiva, le opzioni esotiche sono strumenti finanziari potenti ma complessi, che possono offrire opportunità di trading uniche ma anche comportare rischi significativi. Gli investitori che desiderano sfruttare queste opzioni dovrebbero farlo con cautela, investire tempo nella formazione e nella comprensione, e cercare consulenza professionale quando necessario.

16. Leva Finanziaria e Margine: Cosa sono e come usarli responsabilmente.

16. Leva Finanziaria e Margine: Cosa sono e come usarli responsabilmente

La leva finanziaria e il margine sono strumenti che consentono agli investitori di amplificare il loro potenziale guadagno o perdita. Tuttavia, è fondamentale comprenderne il funzionamento e utilizzarli responsabilmente per evitare rischi e perdite significative. Ecco cosa sono e come usarli in modo responsabile:

Leverage (Leverage finanziario):

La leva finanziaria è un concetto che si riferisce all'uso di fondi presi in prestito per amplificare il potenziale rendimento di un investimento. In pratica, un investitore può controllare una posizione di dimensioni maggiori rispetto a quanto avrebbe potuto permettersi con i propri fondi.

- **Esempio:** Se un investitore ha $1,000 e utilizza una leva finanziaria di 10:1, può controllare una posizione di $10,000. Se l'investimento guadagna il 10%, il rendimento effettivo sull'investimento sarà del 100%, poiché il guadagno del 10% è su $10,000, non solo su $1,000.

Tuttavia, la leva finanziaria comporta rischi significativi:

- **Rischio di Perdita Amplificata:** Se l'investimento va male, le perdite sono amplificate in proporzione alla leva utilizzata. Nel nostro esempio, se l'investimento perde il 10%, l'investitore perde l'intero capitale di $1,000.
- **Margin Call:** Se le perdite superano una certa soglia, il broker può richiedere all'investitore di depositare ulteriori fondi per coprire le perdite, altrimenti può chiudere la posizione senza il consenso dell'investitore.

Margine:

Il margine è il denaro che l'investitore deve depositare presso il broker per poter utilizzare la leva finanziaria. È una parte del valore totale della posizione.

- **Esempio:** Se un investitore desidera controllare una posizione di $10,000 con una leva finanziaria di 10:1, il margine richiesto sarà del 10%, ovvero $1,000.

Come Utilizzare Responsabilmente la Leva Finanziaria e il Margine:

1. **Comprensione Completa:** Prima di utilizzare la leva finanziaria e il margine, è fondamentale avere una comprensione completa di come funzionano. Conosci le regole e i requisiti del tuo broker.

2. **Pianificazione Finanziaria:** Determina quanto sei disposto a rischiare e quanto puoi permetterti di perdere senza mettere a repentaglio la tua situazione finanziaria.

3. **Diversificazione:** Non concentrare tutto il tuo capitale in una sola posizione ad alta leva finanziaria. Diversifica il tuo portafoglio per ridurre il rischio.

4. **Gestione del Rischio:** Utilizza ordini stop-loss per limitare le perdite. Imposta livelli di stop adeguati in base al tuo profilo di rischio.

5. **Monitoraggio Costante:** Tieni traccia delle tue posizioni e delle condizioni di mercato. Agisci rapidamente in caso di cambiamenti improvvisi.

6. **Formazione Continua:** Continua a studiare e ad apprendere sulle strategie di trading, sulla gestione del rischio e sulla psicologia del trading.

7. **Utilizzo Conservativo:** Utilizza la leva finanziaria in modo conservativo e solo quando è necessario. Non utilizzarla per cercare di fare guadagni rapidi.

8. **Consultazione Professionale:** Se hai dubbi o sei nuovo nel trading con leva finanziaria, consulta un consulente finanziario o un esperto di trading. Possono offrire consigli personalizzati in base alla tua situazione.

In sintesi, la leva finanziaria e il margine sono strumenti potenti ma complessi. Possono amplificare i guadagni, ma anche le perdite.

Utilizzali con attenzione e responsabilità, tenendo sempre presente il tuo livello di rischio personale e il tuo obiettivo di investimento.

Categorie di Leva Finanziaria:

1. **Leverage Operativo:** Questo tipo di leva finanziaria si riferisce all'uso dell'indebitamento per finanziare le operazioni operative di un'azienda. Ad esempio, un'azienda può prendere in prestito denaro per acquistare nuove attrezzature o espandersi. La leva operativa può aumentare il margine di profitto, ma comporta il rischio di dover pagare interessi sui prestiti.

2. **Leverage Finanziario:** Questa è la leva finanziaria più comune di cui si parla nei mercati finanziari. Si riferisce all'uso di denaro preso in prestito per investire in strumenti finanziari come azioni o futures. Il margine è un esempio di leverage finanziario, in quanto permette agli investitori di controllare posizioni più grandi di quanto sarebbero in grado di farlo solo con il loro capitale.

Strumenti con Leva Finanziaria:

1. **Margin Trading:** Nel margin trading, un investitore piazza un deposito iniziale (il margine) per controllare una posizione di valore superiore. Questo permette di amplificare i guadagni, ma anche le perdite. I broker offrono

spesso leva finanziaria per il trading di azioni, futures, forex e criptovalute.

2. **ETF con Leva:** Gli ETF (Exchange-Traded Fund) con leva finanziaria mirano a replicare l'andamento di un indice o di un asset sottostante con un coefficiente di leva. Ad esempio, un ETF con leva 2x sul S&P 500 cercherà di fornire il doppio del rendimento dell'indice.

3. **Opzioni e Contratti Futures:** Anche le opzioni e i contratti futures possono essere usati per ottenere leva finanziaria. Con una piccola quantità di capitale, è possibile controllare una posizione molto più grande. Tuttavia, queste opzioni comportano rischi significativi e richiedono una comprensione avanzata.

Rischi della Leva Finanziaria:

1. **Rischio di Perdita Amplificata:** La leva finanziaria amplifica sia i guadagni che le perdite. Un investitore potrebbe perdere l'intero capitale investito, e in alcuni casi, persino più di quanto ha investito.

2. **Margin Call:** Se le perdite superano il margine disponibile nel tuo conto di trading, il broker può emettere un margin call, richiedendo ulteriori fondi per coprire le perdite. Se non riesci a coprire le perdite, il broker può chiudere automaticamente le tue posizioni.

3. **Rischi di Interesse:** Utilizzare il margine comporta il pagamento di interessi sul denaro

preso in prestito. Se le condizioni di mercato cambiano sfavorevolmente, i costi degli interessi possono aumentare.

4. **Tempo e Stress:** La gestione di posizioni con leva finanziaria richiede tempo, attenzione e stress. I mercati possono essere volatili, e gli investitori devono essere pronti a reagire rapidamente.

Come Usare Responsabilmente la Leva Finanziaria:

- **Conoscenza:** Prima di utilizzare qualsiasi forma di leva finanziaria, investi tempo nella formazione. Comprendi completamente come funziona e i rischi associati.

- **Gestione del Rischio:** Utilizza ordini stop-loss per limitare le perdite. Imposta livelli di stop adeguati in base al tuo profilo di rischio.

- **Diversificazione:** Non concentrare tutto il tuo capitale in una sola posizione ad alta leva finanziaria. Diversifica il tuo portafoglio.

- **Monitoraggio Costante:** Tieni traccia delle tue posizioni e delle condizioni di mercato. Agisci rapidamente in caso di cambiamenti improvvisi.

- **Utilizzo Conservativo:** Utilizza la leva finanziaria con cautela e solo quando è necessario. Non cercare di fare guadagni rapidi.

- **Consulta un Esperto:** Se hai dubbi o sei nuovo nel trading con leva finanziaria, consulta un consulente finanziario o un esperto di trading.

Possono offrire consigli personalizzati in base alla tua situazione.

In sintesi, la leva finanziaria è un potente strumento finanziario che può amplificare i guadagni, ma anche le perdite. È fondamentale comprenderla completamente e usarla in modo responsabile per evitare rischi finanziari significativi.

Uso della Leva Finanziaria in Diverse Asset Class:

1. **Azioni:** Nel trading di azioni con leva finanziaria, gli investitori possono utilizzare il margine per acquistare azioni a un costo iniziale inferiore rispetto all'acquisto a pagamento. Questo consente loro di controllare una maggiore quantità di azioni, amplificando potenzialmente i profitti se il prezzo delle azioni sale. Tuttavia, le perdite possono essere amplificate allo stesso modo se il prezzo delle azioni scende.

2. **Futures e Forex:** I mercati dei futures e del forex sono noti per l'ampio utilizzo della leva finanziaria. Gli investitori possono controllare posizioni di dimensioni considerevoli con un deposito relativamente piccolo. Questo offre l'opportunità di speculare sui movimenti dei prezzi degli indici, delle materie prime o delle coppie di valute. È essenziale comprendere

appieno i meccanismi dei contratti futures e del forex prima di intraprendere operazioni con leva.

3. **Opzioni:** Anche le opzioni offrono un potenziale di leva finanziaria, in quanto consentono agli investitori di controllare una posizione sottostante a un costo notevolmente inferiore rispetto all'acquisto diretto del sottostante stesso. Tuttavia, le opzioni comportano un costo iniziale noto come premio, che può essere perso interamente se l'opzione non è profittevole.

Esempi Pratici:

- **Leverage in Azioni:** Supponiamo di avere $5,000 e utilizziamo una leva finanziaria di 2:1 per acquistare azioni di una società a $100 per azione. Senza leva, potremmo comprare solo 50 azioni con il nostro capitale. Con la leva, possiamo controllare 100 azioni. Se il prezzo delle azioni aumenta del 10%, guadagneremo $1,000 invece di $500 senza leva. Tuttavia, se il prezzo scende del 10%, perderemo $1,000 invece di $500.

- **Leverage nel Forex:** Nel mercato forex, un trader potrebbe utilizzare una leva di 50:1 per controllare una posizione di $50,000 con solo $1,000 come margine. Se la coppia di valute si muove dell'1%, il trader guadagnerà o perderà $500, il che rappresenta il 50% del suo capitale. La leva amplifica i piccoli movimenti dei prezzi, ma aumenta anche il rischio di perdita.

Leva Finanziaria nei Mercati Istituzionali:
Nei mercati istituzionali, come le istituzioni finanziarie e le banche d'investimento, la leva finanziaria può essere molto più elevata rispetto agli investitori individuali. Queste istituzioni possono utilizzare enormi quantità di capitale preso in prestito per amplificare i guadagni. Tuttavia, ciò comporta anche rischi considerevoli, come dimostrato dalla crisi finanziaria del 2008.

Leggi e Regolamenti:
I regolatori finanziari impongono restrizioni sulla leva finanziaria per proteggere gli investitori da eccessivi rischi finanziari. Queste restrizioni variano da paese a paese e da mercato a mercato. Ad esempio, nell'Unione Europea, l'Autorità Europea degli Strumenti Finanziari e dei Mercati (ESMA) ha introdotto limiti alla leva finanziaria nel trading di strumenti finanziari per i trader al dettaglio.

In conclusione, la leva finanziaria è uno strumento potente che può amplificare i profitti, ma anche le perdite. È essenziale comprenderne appieno il funzionamento, utilizzarla con cautela e avere una solida strategia di gestione del rischio quando si fa trading con leva finanziaria. I trader dovrebbero anche essere consapevoli delle normative e dei regolamenti nel loro paese di residenza.

Naturalmente, esploriamo ulteriormente il concetto di leva finanziaria e margin trading:
Calcolo del Margine: Il calcolo del margine è cruciale per comprendere come funziona la leva finanziaria. In genere, il margine è espresso come una percentuale del valore totale della posizione che il trader desidera controllare.

Ad esempio, se desideri controllare una posizione di $10,000 e il tuo broker richiede un margine del 5%, dovresti depositare $500 come margine.
Utilizzo del Margine con CFD (Contratti per differenza): I CFD sono strumenti finanziari che consentono ai trader di speculare sui movimenti dei prezzi degli asset senza possederli effettivamente. Il margin trading con CFD è molto comune nei mercati finanziari. Ecco come funziona:

- **Long Position:** Se credi che il prezzo di un asset aumenterà, puoi aprire una "posizione long" con un CFD. In questo caso, guadagnerai dalla differenza tra il prezzo di ingresso e il prezzo di uscita dell'asset sottostante. Tuttavia, se il prezzo scende, perderai denaro, e le perdite saranno scalate dal tuo margine.
- **Short Position:** Se prevedi che il prezzo di un asset diminuirà, puoi aprire una "posizione short" con un CFD. In questo caso, guadagnerai dalla differenza tra il prezzo di ingresso e il

prezzo di uscita, ma questa volta guadagnerai se il prezzo scende.

Broker e Requisiti di Margine: I broker stabiliscono i requisiti di margine per i diversi asset e strumenti finanziari. Questi requisiti variano in base alla volatilità dell'asset, alle condizioni di mercato e alla politica del broker. Alcuni broker offrono una leva finanziaria fissa, mentre altri consentono ai trader di selezionare il livello di leva in base alle proprie preferenze. Tuttavia, è importante notare che un aumento della leva finanziaria comporta un aumento del rischio.

Trading con Leva nel Lungo Termine e nel Breve Termine: La leva finanziaria può essere utilizzata sia per il trading a breve termine che per il trading a lungo termine. Nel trading a breve termine, i trader cercano spesso di sfruttare piccoli movimenti dei prezzi, utilizzando la leva per amplificare i guadagni. Nel trading a lungo termine, la leva può essere utilizzata per costruire posizioni più ampie e mantenere posizioni per periodi più lunghi.

Gestione del Rischio: La gestione del rischio è fondamentale quando si fa trading con leva finanziaria. Questo include l'uso di ordini stop-loss per limitare le perdite e il calcolo del margine disponibile per evitare margin call. I trader dovrebbero anche avere una strategia di uscita chiara e rispettarla.

Psicologia del Trading: La leva finanziaria può influenzare la psicologia del trading. L'emozione può essere amplificata quando si utilizza la leva, e i trader potrebbero prendere decisioni irrazionali a causa del timore di perdite amplificate o dell'avidità di guadagni elevati.

In sintesi, il margin trading e la leva finanziaria sono potenti strumenti che possono amplificare sia i guadagni che le perdite. La loro comprensione e il loro utilizzo responsabile sono essenziali per il successo nel trading finanziario. I trader dovrebbero sempre cercare di acquisire conoscenze approfondite, gestire il rischio in modo oculato e mantenere un approccio disciplinato al trading con leva finanziaria.

In conclusione, la leva finanziaria e il margin trading sono strumenti complessi e potenti che possono influenzare significativamente l'esperienza di trading e gli esiti finanziari di un investitore. Per sfruttarli in modo efficace ed evitare rischi e perdite eccessive, è essenziale tenere presente questi aspetti chiave:

1. **Comprensione Profonda:** Prima di utilizzare la leva finanziaria e il margin trading, acquisisci una conoscenza completa su come funzionano,

compresi i requisiti di margine, le regole del broker e le implicazioni per il tuo portafoglio.

2. **Gestione del Rischio:** La gestione del rischio è cruciale. Utilizza ordini stop-loss per limitare le perdite e definisci il tuo livello di rischio personale prima di effettuare qualsiasi trade.

3. **Diversificazione:** Non mettere tutto il capitale in una sola posizione con leva finanziaria. Diversifica il tuo portafoglio per ridurre il rischio complessivo.

4. **Monitoraggio Costante:** Tieni traccia delle tue posizioni e delle condizioni di mercato in tempo reale. La volatilità e i cambiamenti improvvisi possono influenzare notevolmente le tue posizioni.

5. **Pianificazione e Strategia:** Sviluppa una solida strategia di trading che includa obiettivi chiari e regole di ingresso ed uscita. Rispetta la tua strategia e non lasciarti influenzare dalle emozioni.

6. **Limiti alla Leva Finanziaria:** Se possibile, limita la tua esposizione alla leva finanziaria in base al tuo livello di esperienza e di comfort. Non utilizzare una leva finanziaria eccessiva.

7. **Formazione Continua:** Il trading con leva finanziaria richiede un impegno costante nell'apprendimento. Resta sempre aggiornato sulle nuove strategie, gli strumenti e le condizioni di mercato.

8. **Consulenza Professionale:** Se sei incerto o
hai dubbi sul trading con leva finanziaria,
considera di consultare un consulente finanziario
o un esperto di trading. Possono offrire consigli
personalizzati in base alla tua situazione
finanziaria e agli obiettivi di investimento.
Infine, ricorda che la leva finanziaria può
amplificare sia i guadagni che le perdite. È
un'arma a doppio taglio che richiede
responsabilità e cautela nell'uso. Se utilizzata in
modo disciplinato e con una solida strategia di
gestione del rischio, può essere un elemento utile
nel toolkit di un trader, ma va maneggiata con
attenzione per evitare conseguenze finanziarie
negative.

17. Tassazione sulle Opzioni: Leggi e
regolamentazioni fiscali.

La tassazione sulle opzioni è una parte
importante del trading e degli investimenti in
molti paesi. Tuttavia, le leggi e le
regolamentazioni fiscali possono variare
notevolmente da una giurisdizione all'altra. Di
seguito, esploreremo alcune delle considerazioni
generali sulla tassazione sulle opzioni, ma è
essenziale consultare un consulente fiscale o un
esperto finanziario nella tua giurisdizione

specifica per comprendere appieno le implicazioni fiscali.

Tassazione sulle Opzioni: Principi Generali

1. **Tipo di Opzioni:** Le leggi fiscali considerano spesso diversi tipi di opzioni in modo diverso. Le opzioni più comuni sono le opzioni su azioni (stock options) e le opzioni su indici o futures. Questi tipi di opzioni possono essere soggetti a regole fiscali diverse.

2. **Imposta sulle Plusvalenze:** La maggior parte delle giurisdizioni considera le plusvalenze realizzate dalle opzioni come guadagno di capitale. Ciò significa che saranno soggette a un'aliquota fiscale sulle plusvalenze a lungo termine o a breve termine, a seconda del periodo di detenzione delle opzioni.

3. **Periodo di Detenzione:** In molte giurisdizioni, le plusvalenze su opzioni detenute per meno di un anno sono considerate a breve termine e tassate a un'aliquota più alta rispetto a quelle detenute per più di un anno, che sono considerate a lungo termine. Le aliquote fiscali sulle plusvalenze variano considerevolmente da un paese all'altro.

4. **Imposte sulle Plusvalenze a Breve Termine:** Le plusvalenze a breve termine possono essere soggette a una tassazione più elevata rispetto alle plusvalenze a lungo termine.

Tuttavia, le aliquote fiscali possono variare in base al tuo reddito complessivo.

5. **Tassazione delle Opzioni dei Dipendenti:** Le opzioni su azioni concesse come parte del pacchetto di compensazione dei dipendenti possono essere soggette a regole fiscali speciali. Queste opzioni possono essere soggette a imposizione all'esercizio (quando l'opzione viene esercitata) o all'alienazione (quando l'opzione viene venduta).

6. **Detrazione delle Perdite:** In alcune giurisdizioni, le perdite derivanti dalla negoziazione di opzioni possono essere dedotte dalle plusvalenze per scopi fiscali, riducendo l'importo complessivo delle tasse dovute.

7. **Regole di Reporting:** In molte giurisdizioni, i trader e gli investitori sono tenuti a presentare dichiarazioni fiscali accurate e complete che includano tutte le transazioni di opzioni. La mancata osservanza delle regole di reporting può comportare sanzioni fiscali.

8. **Consulenza Fiscale:** Poiché le leggi fiscali possono essere complesse e soggette a modifiche, è fondamentale consultare un consulente fiscale esperto per assicurarsi di comprendere appieno le tue obbligazioni fiscali e sfruttare le opportunità di ottimizzazione fiscale.

Nota Importante: Le informazioni sopra fornite sono generali e possono non riflettere esattamente le leggi fiscali della tua giurisdizione specifica. La tassazione sulle opzioni può variare notevolmente da un paese all'altro e, in alcuni casi, anche da uno stato all'altro all'interno dello stesso paese. Pertanto, è fondamentale ottenere una consulenza fiscale personalizzata per aderire alle leggi e alle regolamentazioni fiscali pertinenti nel tuo caso specifico.

18. Psicologia del Trading: Mantenere la disciplina e gestire le emozioni.

La psicologia del trading è un aspetto fondamentale per il successo nel trading di opzioni e in qualsiasi forma di investimento. Mantenere la disciplina e gestire le emozioni può fare la differenza tra un trader profittevole e uno che subisce perdite consistenti. Ecco alcune considerazioni importanti sulla psicologia del trading:

1. Emozioni Principali:

- **Paura:** La paura è una delle emozioni più potenti nel trading. Può portare i trader a evitare opportunità di profitto o a chiudere posizioni in perdita prematuramente per paura che le perdite aumentino ulteriormente.
- **Avidità:** L'avidità può portare i trader a prendere rischi eccessivi nel tentativo di ottenere guadagni più elevati. Questo può comportare

perdite significative se le operazioni non vanno come previsto.

- **Euforia:** La euforia si verifica quando i trader ottengono profitti consistenti e si sentono invincibili. Questo può portare a decisioni irrazionali e al mancato rispetto delle regole di gestione del rischio.
- **Rabbia e Frustrazione:** Le perdite possono portare a sentimenti di rabbia e frustrazione. I trader arrabbiati potrebbero cercare di "vendicare" le perdite con operazioni avventate, che spesso si traducono in ulteriori perdite.

2. Pianificazione e Strategia:

- **Pianificazione Dettagliata:** Prima di iniziare qualsiasi operazione, è fondamentale avere una strategia ben definita. Questo include la determinazione degli obiettivi di profitto e delle perdite, nonché dei punti di ingresso e uscita.
- **Rispetto della Strategia:** Una volta definita la strategia, rispettala rigorosamente. Evita di apportare modifiche impulsivamente durante il trading, a meno che non ci siano valide ragioni per farlo.

3. Gestione del Rischio:

- **Stop-Loss:** Utilizza ordini stop-loss per limitare le perdite. Imposta questi ordini prima di entrare in una posizione e rispetta i livelli stabiliti.
- **Dimensione delle Posizioni:** Non mettere troppo capitale in una singola operazione.

Utilizza dimensioni delle posizioni adeguate in modo da poter sopportare perdite senza mettere a rischio il tuo capitale complessivo.

4. Monitoraggio Emotivo:

- **Auto-Osservazione:** Monitora costantemente le tue emozioni mentre fai trading. Riconoscere quando stai diventando impulsivo o emotivo è il primo passo per affrontare il problema.
- **Pause:** Se ti senti sopraffatto dalle emozioni, prendi una pausa. Chiudi il computer e allontanati dal mercato per un po'. Ciò ti darà il tempo di rilassarti e riprendere la tua mente in modo razionale.

5. Educazione Continua:

- **Apprendimento Costante:** Il trading è un campo in continua evoluzione. Continua ad aggiornare le tue conoscenze, impara nuove strategie e mantieniti informato sulle condizioni di mercato attuali.

6. Comunità e Supporto:

- **Condividi Esperienze:** Parla con altri trader o unisciti a una comunità di trading. Condividere esperienze e sfide con gli altri può essere estremamente utile per mantenere la disciplina.

7. Patience and Persistence:

- **Pazienza:** Il trading richiede pazienza. Non cercare di forzare i risultati a breve termine. Mantieni una visione a lungo termine e persisti anche attraverso periodi di perdite.

La psicologia del trading è una competenza che richiede tempo per svilupparsi. Imparare a gestire le emozioni e mantenere la disciplina può fare la differenza tra il successo e il fallimento nel trading di opzioni. Ricorda che le perdite fanno parte del gioco, ma è la tua capacità di gestirle e rimanere razionale che alla fine farà la differenza nel tuo percorso di trading.

8. Analisi Post-Trade:

- Dopo ogni trade, effettua un'analisi post-trade obiettiva. Valuta cosa ha funzionato e cosa non ha funzionato nella tua strategia. Questa analisi dovrebbe concentrarsi sugli aspetti tecnici del trade, evitando di focalizzarsi troppo sul risultato finanziario. Questo ti aiuterà a imparare dagli errori e a migliorare nel tempo.

9. Adattamento al Cambiamento:

- I mercati finanziari sono dinamici e in continua evoluzione. I trader di successo sono in grado di adattarsi ai cambiamenti nelle condizioni di mercato. Ciò può richiedere la revisione e l'aggiornamento delle tue strategie in modo coerente con l'ambiente di trading attuale.

10. Gestione del Tempo:

- Il trading può essere emotivamente ed emotivamente esigente. Imposta orari fissi per il trading e rispetta una routine quotidiana che includa anche il tempo per il riposo e il relax. Un approccio equilibrato al trading può contribuire a mantenere la stabilità emotiva.

11. Monitoraggio delle Prestazioni:

- Tieni un registro accurato delle tue operazioni, inclusi i dettagli di ciascun trade, le motivazioni che ti hanno spinto a entrare in esso e le emozioni che hai sperimentato durante il trade. Questo registro ti aiuterà a identificare eventuali schemi comportamentali problematici.

12. Consapevolezza delle Debolezze:

- Ognuno ha punti deboli nella psicologia del trading. Potresti essere incline alla paura, all'avidità o a un altro tipo di comportamento irrazionale. Identifica le tue debolezze personali e sviluppa strategie per affrontarle. Questo potrebbe includere la consulenza di uno psicologo specializzato in trading.

13. Evita la Sopravvalutazione:

- Evita di sovrastimare la tua abilità di previsione. Nessuno può prevedere il mercato con certezza assoluta. Mantieni l'umiltà e riconosci che ci saranno momenti in cui sbaglierai.

14. Lavoro su Te Stesso:

- Investi tempo ed energie nello sviluppo delle tue capacità personali di gestione delle emozioni. Ciò può includere la pratica della meditazione o del rilassamento per aiutare a mantenere la calma sotto pressione.

15. Capitale di Riserva:

- Non investire tutto il tuo capitale in trading. Mantieni un "capitale di riserva" che non utilizzerai mai per il trading. Questo può ridurre l'ansia finanziaria e le pressioni emotive associate al trading.

16. Controllo delle Emozioni:

- Sviluppa tecniche di controllo delle emozioni per affrontare la paura, l'avidità e altre emozioni negative. Queste tecniche possono includere la visualizzazione positiva, la respirazione profonda o l'uso di affermazioni.

In conclusione, la psicologia del trading è una competenza cruciale da sviluppare per diventare un trader di successo. Il trading comporta inevitabilmente emozioni, ma la tua capacità di gestirle in modo razionale e coerente è ciò che determinerà in gran parte il tuo successo a lungo termine. La pratica costante, l'auto-osservazione e il miglioramento continuo sono chiavi per mantenere la disciplina e la stabilità emotiva nel trading di opzioni.

17. Consapevolezza delle Biases Cognitive:

- Un elemento cruciale della psicologia del trading è la consapevolezza delle "biases cognitive", ovvero i pregiudizi cognitivi che possono influenzare le decisioni dei trader. Alcuni esempi comuni includono l'effetto di conferma (tendenza a cercare conferme delle proprie convinzioni), la perdita di avversione (evitare le perdite più delle acquisizioni), e l'ottimismo irrealistico (sopravvalutare le probabilità di successo). Riconoscere queste tendenze può aiutarti a prenderle in considerazione nelle tue decisioni di trading.

18. Adattamento alle Condizioni di Mercato:

- I mercati possono passare attraverso fasi di volatilità elevata o bassa, tendenze forti o laterali. I trader di successo sanno come adattare le loro strategie e il loro approccio psicologico alle condizioni di mercato attuali. Ad esempio, in periodi di alta volatilità, potresti voler essere più cauto e utilizzare stop-loss più ampi.

19. Gestione dello Stress:

- Il trading può essere stressante, e lo stress cronico può avere un impatto negativo sulla tua salute mentale e fisica. Impara a gestire lo stress attraverso tecniche di rilassamento, esercizio fisico e una buona dieta. Un corpo sano è spesso correlato a una mente sana.

20. Comunità e Supporto:

- Non sei da solo nel trading. Unisciti a comunità di trader o partecipa a forum online per condividere le tue esperienze e ricevere supporto dagli altri. Parlando apertamente delle tue sfide emotive con gli altri trader, puoi scoprire che molti affrontano le stesse sfide.

21. Accettazione delle Perdite:

- Le perdite sono parte integrante del trading. Impara ad accettarle come una componente inevitabile del processo. Non dovresti mai cercare di recuperare rapidamente le perdite con operazioni avventate. Accettare le perdite in modo razionale ti aiuterà a mantenere la chiarezza mentale.

22. Visione a Lungo Termine:

- Mantieni una visione a lungo termine del tuo trading. La consistenza nel tempo è più importante di singoli trade redditizi. Non farti prendere dalla fretta di arricchirti rapidamente; il trading è un impegno a lungo termine.

23. Autoanalisi Costante:

- Fai un esame di coscienza regolare. Chiediti se le tue emozioni stanno influenzando le tue decisioni di trading. Mantieni un registro giornaliero delle tue emozioni e dei tuoi pensieri durante il trading per identificare eventuali pattern problematici.

24. Mantieni una Vita Equilibrata:

- Non trascurare la tua vita al di fuori del trading. Mantieni relazioni personali, hobby e interessi che ti aiutino a distogliere l'attenzione dai mercati finanziari e a mantenere una prospettiva equilibrata sulla vita.

La psicologia del trading è una sfida continua che richiede autocontrollo, autoconsapevolezza e impegno costante per il miglioramento personale. Ogni trader sviluppa il proprio approccio alla gestione delle emozioni, ma la chiave è riconoscere l'importanza della mente nell'ambiente di trading e lavorare costantemente su di essa per migliorare le tue performance.

25. Consapevolezza delle Tendenze del Mercato:

- Essere consapevoli delle tendenze del mercato è essenziale per evitare l'impulso di seguire la folla. Quando tutti sembrano andare in una direzione, potresti sentirti tentato di farlo anche tu. Tuttavia, questo può portare a decisioni irrazionali. Analizza attentamente le tendenze del mercato e considera se sono basate su fondamentali solidi o se sono il risultato di sentimenti di massa.

26. Tecniche di Visualizzazione:

- La visualizzazione positiva è una tecnica psicologica potente che può aiutarti a mantenere la fiducia e la disciplina. Immagina te stesso eseguire trade di successo, prendendo decisioni razionali e mantenendo la calma sotto pressione. Questa pratica può contribuire a creare una mentalità di successo.

27. Riconoscimento del Bias delle Notizie:

- I media finanziari spesso enfatizzano notizie e sviluppi sensazionali. Questo può portare a un bias delle notizie, dove le informazioni negative vengono enfatizzate, e le notizie positive vengono trascurate. Sii critico riguardo alle fonti di notizie che segui e valuta le informazioni in modo obiettivo.

28. Evita la Paralisi dell'Analisi:

- L'analisi eccessiva può portare alla paralisi dell'analisi, dove i trader passano troppo tempo a cercare informazioni e non prendono decisioni. Troppo studio può anche portare a sovraccarico di informazioni. Imposta limiti di tempo per l'analisi e prendi decisioni basate su dati rilevanti.

29. Adattamento alle Perdite:

- La capacità di adattarsi alle perdite è fondamentale. Le perdite sono inevitabili nel trading, ma come le gestisci fa la differenza. Impara da ogni perdita e usa quelle esperienze per migliorare le tue capacità di trading.

30. Coerenza nell'Apprendimento:

- Il processo di apprendimento nel trading è continuo. Tuttavia, è importante essere coerenti nel tuo approccio all'apprendimento. Non saltare da una strategia all'altra o da un mercato all'altro in modo casuale. Concentrati su ciò che funziona e continua a perfezionare le tue competenze in quel settore.

31. Rispetto delle Regole:

- Rispettare rigorosamente le regole del tuo piano di trading è fondamentale. Queste regole sono lì per aiutarti a prendere decisioni razionali, evitare impulsi emotivi e ridurre il rischio. Non fare eccezioni alle regole a meno che tu non abbia validi motivi per farlo.

32. Mentalità di Apprendimento:

- Sviluppa una mentalità di apprendimento (mindset). Vedi ogni errore come un'opportunità di apprendimento anziché come un fallimento. Questa prospettiva può aiutarti a mantenere la positività e a ridurre lo stress.

33. Consapevolezza della Tolleranza al Rischio:

- Conosci la tua propria tolleranza al rischio. Questo ti aiuterà a stabilire i tuoi obiettivi di trading in modo realistico e a gestire il rischio in modo appropriato. Non cercare di adottare una strategia ad alto rischio se non sei disposto o in grado di sopportare perdite significative.
La psicologia del trading è un elemento cruciale per il successo a lungo termine nel trading di opzioni. Comprendere e lavorare sulla tua psicologia personale richiede tempo e sforzo, ma può fare una grande differenza nella tua capacità di prendere decisioni razionali, gestire le emozioni e mantenere la disciplina nel trading.

In conclusione, la psicologia del trading è una componente fondamentale del successo nel trading di opzioni. Saper gestire le emozioni, mantenere la disciplina e prendere decisioni razionali è essenziale per evitare errori costosi e perdite significative. Ecco alcuni punti chiave per concludere in modo dettagliato:

Autoconsapevolezza: Il primo passo per migliorare la psicologia del trading è l'autoconsapevolezza. Conosci te stesso come trader. Riconosci i tuoi punti deboli, le emozioni che tendi a sperimentare durante il trading e le tue tendenze comportamentali.

Pianificazione e Strategia: Una strategia di trading ben definita è essenziale. Pianifica i tuoi trade in anticipo, stabilendo obiettivi di profitto e di perdita chiari, così come i punti di ingresso e di uscita. Rispetta rigorosamente questa strategia.

Gestione del Rischio: Utilizza stop-loss e dimensioni delle posizioni adeguate per proteggere il tuo capitale. Non mettere mai a rischio una quantità significativa del tuo capitale in un singolo trade.

Consapevolezza delle Emozioni: Riconosci quando le emozioni stanno influenzando le tue decisioni di trading. Impara a gestirle attraverso tecniche di controllo delle emozioni, come la visualizzazione positiva o la respirazione profonda.

Mantenere la Calma: Mantenere la calma sotto pressione è essenziale. Quando i mercati sono volatili o le perdite si accumulano, la capacità di rimanere calmi e razionali può fare la differenza tra il successo e il fallimento.

Consistenza e Pazienza: Il trading è un gioco a lungo termine. Non cercare di ottenere ricchezza rapida. Mantieni una visione a lungo termine e sii paziente. La coerenza nel tempo è più importante dei singoli trade redditizi.

Apprendimento Continuo: Il trading è un campo in continua evoluzione. Continua a imparare e a perfezionare le tue competenze. Mantieniti informato sulle condizioni di mercato attuali.

Supporto e Comunità: Unisciti a comunità di trader o condividi le tue esperienze con altri trader. Il supporto dagli altri può essere prezioso per mantenere la disciplina.

In definitiva, il trading di opzioni richiede non solo una comprensione tecnica ma anche una forte psicologia. Mantenere la disciplina e gestire le emozioni sono componenti cruciali del successo. Il percorso per diventare un trader di successo può essere lungo e sfidante, ma con dedizione, autocontrollo e apprendimento continuo, è possibile raggiungere i tuoi obiettivi di trading.

19. Regolamentazione e Compliance: Normative e regole del trading di opzioni.

La regolamentazione e la compliance sono aspetti fondamentali del trading di opzioni, poiché contribuiscono a garantire un ambiente di trading equo e sicuro. Di seguito, fornirò informazioni dettagliate sulla regolamentazione e sulle normative che riguardano il trading di opzioni:

1. Organismi di Regolamentazione:
Nel mondo, il trading di opzioni è soggetto a regolamentazione da parte di diverse autorità finanziarie e di mercato. Le principali organizzazioni di regolamentazione includono la Securities and Exchange Commission (SEC) negli Stati Uniti, la Commodity Futures Trading Commission (CFTC) negli Stati Uniti per le opzioni su futures, e autorità simili in altre giurisdizioni.

2. Normative di Base:
Le normative di base stabiliscono le regole generali per il trading di opzioni. Queste norme spaziano dalla registrazione dei broker e dei trader alla divulgazione di informazioni e alla gestione del rischio. Ad esempio, i broker devono

rispettare rigorosi standard di condotta e divulgare informazioni sulle commissioni e sui rischi associati alle opzioni.

3. Marginazione:

La marginazione è una parte importante della regolamentazione delle opzioni. Gli organismi di regolamentazione stabiliscono i requisiti di margine per il trading di opzioni, che determinano la quantità di capitale che i trader devono avere a disposizione per negoziare opzioni. Questo è fondamentale per garantire la stabilità finanziaria dei trader e dei mercati.

4. Regolamentazione della Vendita al Dettaglio:

Per proteggere gli investitori al dettaglio, molte giurisdizioni hanno normative specifiche che disciplinano la vendita di opzioni a investitori non professionisti. Queste normative possono includere requisiti di divulgazione, test di idoneità e regole sulle commissioni.

5. Regole sulle Opzioni Composte:

Le opzioni composte, come le opzioni binarie, sono spesso soggette a regole specifiche. In molte giurisdizioni, le opzioni binarie sono state bandite a causa del loro alto rischio e della mancanza di trasparenza.

6. Regole sulle Informazioni Riservate:

Le normative contro l'abuso di informazioni privilegiate si applicano anche al trading di opzioni. I trader non possono trarre vantaggio da informazioni riservate o non pubbliche per fare trading di opzioni.

7. Sorveglianza dei Mercati:

Gli organismi di regolamentazione monitorano costantemente i mercati per individuare comportamenti sospetti o manipolativi. Questo include l'analisi di volumi di trading, prezzi anomali e modelli di trading insoliti.

8. Reporting e Divulgazione:

I trader di opzioni sono spesso tenuti a fornire rapporti periodici sulle loro attività di trading e a divulgare le loro posizioni in modo trasparente.

9. Sanzioni e Penalità:

Le sanzioni per violazioni delle regole di trading di opzioni possono essere severe e includere multe, sospensioni o revoca delle licenze.

10. Educazione Finanziaria:

Alcune giurisdizioni promuovono l'educazione finanziaria per gli investitori al dettaglio che desiderano fare trading di opzioni. Questo può includere materiali formativi e programmi di formazione.

11. Monitoraggio dei Broker:

Gli organismi di regolamentazione monitorano da vicino le attività dei broker di opzioni per garantire che rispettino le leggi e le normative vigenti. I broker devono anche avere piani di continuità aziendale per affrontare situazioni di emergenza.

È importante notare che le normative possono variare da una giurisdizione all'altra e possono essere soggette a modifiche nel tempo. Prima di iniziare a fare trading di opzioni, è fondamentale comprendere le regole e i regolamenti che si applicano nella tua area geografica e assicurarsi di rispettarli rigorosamente. Collaborare con un broker regolamentato è un passo importante per garantire la conformità alle normative del trading di opzioni.

20. Studi di Caso: Analisi di operazioni reali e ipotetiche.

Certamente, gli studi di caso sono una parte importante dell'apprendimento nel trading di opzioni poiché offrono un'opportunità di esaminare come le strategie di trading possono essere applicate in situazioni reali. Di seguito, fornirò alcuni esempi di studi di caso che includono analisi di operazioni reali e ipotetiche:

Studi di Caso: Strategia Long Call (Chiamata Lunga)

Scenario 1: Acquisto di una Long Call su un'azione tecnologica

Contesto: Un trader ha notato un'azione tecnologica di cui è ottimista riguardo al futuro. L'azione è attualmente quotata a $100.

Operazione: Il trader decide di acquistare una Long Call opzione con un prezzo di esercizio (strike price) di $105 e una scadenza tra 3 mesi. La prima cosa da considerare è il premio pagato per l'opzione, ad esempio $5.

Analisi: Dopo 3 mesi, l'azione tecnologica ha effettivamente raggiunto $110. La Long Call si è rivelata vincente. Il trader ha il diritto di acquistare l'azione a $105 e può quindi venderla immediatamente a $110, ottenendo un profitto di $5 per azione (meno il premio pagato).

Scenario 2: Acquisto di una Long Call su un'azione farmaceutica

Contesto: Un trader è interessato a un'azione farmaceutica che sta per annunciare i risultati dei test clinici per un nuovo farmaco. L'azione è attualmente quotata a $50.

Operazione: Il trader decide di acquistare una Long Call opzione con uno strike price di $55 e una scadenza tra 2 mesi. Il premio pagato per l'opzione è di $3.

Analisi: Dopo 2 mesi, i risultati dei test clinici sono stati deludenti e l'azione farmaceutica è scesa a $40. In questo caso, la Long Call non è stata vantaggiosa. Il trader ha perso il premio pagato per l'opzione ($3) perché il prezzo dell'azione non è mai salito sopra lo strike price di $55.

Questi sono esempi di come la strategia Long Call può funzionare in situazioni diverse. La scelta dell'azione sottostante, dello strike price e della scadenza sono decisioni cruciali nel trading di opzioni.

Studi di Caso: Strategia Iron Condor (Condor d'Acciaio)

Scenario: Creazione di un Iron Condor su un'azione

Contesto: Un trader ha analizzato un'azione che ritiene sia stabile e non si aspetta movimenti significativi dei prezzi nel breve termine. L'azione è attualmente quotata a $60.

Operazione: Il trader decide di creare un Iron Condor vendendo una Put con uno strike price di $55 e acquistando una Put con uno strike price di $50, mentre contemporaneamente vende una Call con uno strike price di $65 e acquista una Call con uno strike price di $70. Il premio netto ricevuto per questa operazione è di $2.

Analisi: Dopo un mese, l'azione è rimasta stabile a $60. In questo caso, l'Iron Condor è stato vincente. Il trader ha incassato il premio di $2 e non ha subito perdite significative poiché il prezzo dell'azione è rimasto all'interno dell'intervallo definito dalle opzioni.

Questo studio di caso illustra come l'Iron Condor possa essere utilizzato per trarre profitto da mercati laterali o stabili.

Gli studi di caso come questi sono essenziali per comprendere come le strategie di trading di opzioni funzionano nella pratica. Forniscono una panoramica delle decisioni di trading, delle potenziali sfide e dei risultati possibili. Tuttavia, è importante notare che il trading comporta rischi e le performance passate non garantiscono risultati futuri. Gli investitori dovrebbero fare le proprie analisi e prendere decisioni basate sulla propria situazione finanziaria e obiettivi di investimento.

Studi di Caso: Strategia Covered Call (Chiamata Coperta)

Scenario 1: Utilizzo di una Covered Call per aumentare il reddito

Contesto: Un investitore possiede 100 azioni di una società e desidera aumentare il suo reddito da queste azioni, ma non è interessato a venderle al momento. Il prezzo attuale dell'azione è di $50.

Operazione: L'investitore decide di implementare una strategia Covered Call. Vendono una Call con uno strike price di $55 sulle 100 azioni che già possiedono e ricevono un premio di $3 per azione. In questo modo, hanno aumentato il loro reddito di $300 ($3 x 100 azioni) dalla vendita della Call.

Analisi: Dopo un mese, il prezzo dell'azione è salito a $56. La Call che hanno venduto è stata assegnata, e l'investitore ha dovuto vendere le sue azioni a $55 per azione. Tuttavia, hanno ancora guadagnato $300 dal premio della Call e hanno tratto profitto dalla differenza tra il prezzo attuale delle azioni e lo strike price.

Scenario 2: Utilizzo di una Covered Call per limitare le perdite

Contesto: Un investitore possiede 100 azioni di una società e si preoccupa che il prezzo possa scendere nel breve termine. Il prezzo attuale dell'azione è di $60.

Operazione: L'investitore decide di implementare una strategia Covered Call. Vendono una Call con uno strike price di $65 sulle 100 azioni che già possiedono e ricevono un premio di $2 per azione. In questo modo, hanno aumentato il loro reddito di $200 ($2 x 100 azioni) dalla vendita della Call.

Analisi: Dopo un mese, il prezzo dell'azione è effettivamente sceso a $58. La Call che hanno venduto non è stata assegnata, e l'investitore ha mantenuto le sue azioni. Hanno comunque tratto profitto dal premio della Call, che ha contribuito a compensare parte delle perdite potenziali sulle azioni.

Questi esempi di strategia Covered Call mostrano come questa strategia possa essere utilizzata per generare reddito aggiuntivo dalle azioni possedute e, allo stesso tempo, limitare le potenziali perdite o proteggere i guadagni esistenti.

Studi di Caso: Strategia Iron Butterfly (Farfalla d'Acciaio)

Scenario: Utilizzo di un Iron Butterfly per il mercato laterale

Contesto: Un trader ritiene che il prezzo di un'azione sia attualmente sopravvalutato a $70 e che rimarrà all'interno di un intervallo stretto nel prossimo mese.

Operazione: Il trader crea un Iron Butterfly vendendo una Call con uno strike price di $75 e una Put con uno strike price di $75, mentre allo stesso tempo acquista una Call con uno strike price di $70 e una Put con uno strike price di $70. Il premio netto ricevuto per questa operazione è di $4.

Analisi: Dopo un mese, il prezzo dell'azione è rimasto vicino a $70. L'Iron Butterfly è stato vincente. Il trader ha incassato il premio di $4 senza subire perdite significative.

Questo studio di caso dimostra come l'Iron Butterfly può essere utilizzato per trarre profitto da mercati laterali o stabilizzare i guadagni in un periodo di incertezza.

Questi esempi illustrano come diverse strategie di trading di opzioni possono essere applicate in varie situazioni di mercato per raggiungere obiettivi specifici, come generare reddito, limitare le perdite o sfruttare condizioni di mercato laterali. È fondamentale comprendere le caratteristiche di ciascuna strategia e adattarle alle tue previsioni di mercato e obiettivi di trading.

Studi di Caso: Strategia Diagonal Spread (Spread Diagonale)

Scenario: Utilizzo di una Diagonal Call Spread per sfruttare l'aumento graduale del prezzo di un'azione

Contesto: Un trader è moderatamente ottimista sull'andamento futuro di un'azione che attualmente è quotata a $60. Tuttavia, prevede che l'aumento dei prezzi sarà graduale nel corso dei prossimi sei mesi.

Operazione: Il trader crea una Diagonal Call Spread vendendo una Call con uno strike price di $65 con scadenza tra 3 mesi e contemporaneamente acquistando una Call con uno strike price di $70 con scadenza tra 6 mesi. Hanno ricevuto un premio per la vendita della Call più vicina al denaro.

Analisi: Dopo 3 mesi, il prezzo dell'azione è salito a $63. La Call venduta con uno strike di

$65 è stata assegnata, ma il trader ha tratto profitto dalla differenza tra il premio della Call venduta e il premio della Call acquistata. Inoltre, la Call con uno strike di $70 è ancora valida e può trarre ulteriore profitto se il prezzo dell'azione continua a salire nei prossimi 3 mesi.

Questa strategia mostra come una Diagonal Call Spread possa essere utilizzata per trarre profitto da un aumento graduale del prezzo delle azioni, approfittando della vendita di una Call con scadenza più breve e dell'acquisto di una Call con scadenza più lunga.

Studi di Caso: Utilizzo di un Calendar Spread (Spread di Calendario)

Scenario: Utilizzo di un Calendar Put Spread per sfruttare l'incertezza nei prossimi mesi

Contesto: Un trader è incerto riguardo all'andamento futuro di un'azione che attualmente è quotata a $70. Prevede che ci potrebbero essere eventi incerti nei prossimi due mesi che potrebbero influenzare il prezzo dell'azione.

Operazione: Il trader crea un Calendar Put Spread vendendo una Put con uno strike price di $70 con scadenza tra 1 mese e contemporaneamente acquistando una Put con uno strike price di $70 con scadenza tra 3 mesi. Hanno ricevuto un premio per la vendita della Put con scadenza più breve.

Analisi: Dopo 1 mese, l'azione ha reagito agli eventi incerti e il prezzo è sceso a $65. La Put venduta con uno strike di $70 è stata assegnata, ma il trader ha tratto profitto dalla differenza tra il premio della Put venduta e il premio della Put acquistata. Inoltre, la Put con uno strike di $70 con scadenza tra 3 mesi è ancora valida e può trarre ulteriore profitto se il prezzo dell'azione continua a scendere nei prossimi 2 mesi.

Questa strategia mostra come un Calendar Put Spread possa essere utilizzato per trarre profitto da periodi di incertezza nei mercati, approfittando della vendita di una Put con scadenza più breve e dell'acquisto di una Put con scadenza più lunga.

Questi esempi dimostrano come le strategie avanzate di trading di opzioni, come le Diagonal Spreads e i Calendar Spreads, possano essere utilizzate per gestire le previsioni di mercato e sfruttare situazioni di incertezza. La scelta della strategia dipende dalle tue aspettative di mercato e dalla tua visione delle condizioni future.

Studi di Caso: Strategia Butterfly Spread (Spread Farfalla)

Scenario: Utilizzo di un Butterfly Call Spread per sfruttare una volatilità moderata

Contesto: Un trader ritiene che il prezzo di un'azione sia stabile intorno a $50 e prevede che la volatilità rimarrà moderata nei prossimi mesi.

Operazione: Il trader crea un Butterfly Call Spread vendendo due Call con uno strike price di $50 e acquistandone una con uno strike price di $45 e una con uno strike price di $55. Hanno ricevuto un premio per la vendita delle due Call con uno strike price di $50.

Analisi: Dopo un mese, il prezzo dell'azione è rimasto stabile a $50, e la volatilità è rimasta moderata. Le due Call vendute con uno strike di $50 non sono state assegnate, e il trader ha tratto profitto dal premio delle due Call vendute. Le Call con uno strike di $45 e $55 non hanno valore significativo.

In questo caso, il trader ha beneficiato della stabilità dei prezzi e della volatilità moderata utilizzando una strategia Butterfly Call Spread.

Studi di Caso: Utilizzo di un Ratio Spread (Spread Rapporto)

Scenario: Utilizzo di un Ratio Put Spread per sfruttare una prospettiva ribassista moderata

Contesto: Un trader è moderatamente ribassista su un'azione che attualmente è quotata a $60 e prevede che il prezzo possa scendere nei prossimi mesi.

Operazione: Il trader crea un Ratio Put Spread vendendo una Put con uno strike price di $65 e acquistandone due con uno strike price di $60. Hanno ricevuto un premio per la vendita della Put con uno strike price di $65.

Analisi: Dopo un mese, il prezzo dell'azione è sceso a $55, come previsto. La Put venduta con uno strike di $65 è stata assegnata, ma il trader ha tratto profitto dalla differenza tra il premio della Put venduta e il premio delle due Put acquistate. Le Put con uno strike di $60 hanno guadagnato valore significativo.

In questo caso, il trader ha beneficiato della prospettiva ribassista utilizzando una strategia Ratio Put Spread, sfruttando la discesa del prezzo delle azioni.

Questi studi di caso mostrano come le strategie complesse, come i Butterfly Spreads e i Ratio Spreads, possano essere utilizzate in situazioni specifiche di mercato per trarre profitto da previsioni di volatilità moderata o prospettive ribassiste. La scelta della strategia dipenderà dalla tua visione delle condizioni future di mercato e dal tuo obiettivo di trading.

In conclusione, gli studi di caso presentati riguardo al trading di opzioni forniscono una panoramica dettagliata delle diverse strategie utilizzate dagli operatori per raggiungere obiettivi specifici nei mercati finanziari. Questi esempi dimostrano come le opzioni possano essere impiegate in una varietà di situazioni di mercato per generare reddito, limitare le perdite, sfruttare condizioni di mercato laterali o ribassiste e altro ancora.

È fondamentale notare che il trading di opzioni comporta un grado di complessità e rischio, e le strategie devono essere selezionate in base alle tue previsioni di mercato, al tuo profilo di rischio e agli obiettivi di investimento. Prima di impegnarti in qualsiasi strategia di trading di opzioni, è importante acquisire una comprensione completa delle caratteristiche delle opzioni, delle implicazioni fiscali e dei rischi associati.

Inoltre, ricorda che le performance passate non garantiscono risultati futuri, e il trading di opzioni richiede una buona comprensione dei mercati finanziari, nonché disciplina e gestione emotiva. È consigliabile utilizzare l'analisi fondamentale e tecnica per prendere decisioni informate e considerare l'implementazione di strategie di gestione del rischio, come stop-loss e take-profit, per proteggere il tuo capitale.

Infine, consulta sempre un consulente finanziario o un professionista del settore prima di intraprendere qualsiasi attività di trading, in modo da garantire che le tue strategie siano adatte alla tua situazione finanziaria e ai tuoi obiettivi specifici.

21. Scadenza e Esercizio: Come e quando esercitare un'opzione.

La scadenza e l'esercizio delle opzioni sono aspetti cruciali del trading di opzioni, e comprendere come e quando esercitare un'opzione è essenziale per ottenere il massimo beneficio dalle tue posizioni. In questa sezione, esamineremo dettagliatamente questi concetti.

Scadenza delle Opzioni:

La scadenza di un'opzione è la data in cui l'opzione perde la sua validità. Le opzioni possono avere scadenze diverse, e la scelta della scadenza dipende dalla tua strategia e dalle tue previsioni di mercato. Ecco alcune scadenze comuni per le opzioni:

1. **Scadenza mensile:** Molte opzioni hanno scadenze mensili standard, solitamente il terzo venerdì del mese. Queste opzioni offrono maggiore liquidità e flessibilità.

2. **Scadenza settimanale:** Alcune azioni e indici offrono opzioni con scadenze settimanali, che

consentono di adattare più rapidamente la tua strategia alle condizioni di mercato in evoluzione.

3. **Scadenza trimestrale:** Alcuni indici offrono opzioni con scadenza trimestrale, spesso utilizzate per strategie a lungo termine.

4. **Opzioni LEAPS:** Queste opzioni hanno scadenze molto lunghe, spesso più di un anno. Sono utilizzate per strategie a lungo termine o per esprimere una visione di mercato a lungo termine.

Esercizio delle Opzioni:

Esercitare un'opzione significa convertirla in una posizione effettiva nel sottostante (azioni o contratti futures) al prezzo di esercizio (strike price). L'esercizio è una decisione importante e deve essere presa attentamente. Ecco alcune considerazioni chiave:

1. **Esercizio di opzioni Call:** Se possiedi un'opzione Call e vuoi acquistare l'asset sottostante al prezzo di esercizio, puoi esercitarla. Tuttavia, è spesso più conveniente vendere l'opzione sul mercato per trarre profitto dal suo valore temporale, specialmente se ci sono ancora giorni fino alla scadenza.

2. **Esercizio di opzioni Put:** Se possiedi un'opzione Put e vuoi vendere l'asset sottostante al prezzo di esercizio, puoi esercitarla. Tuttavia, come con le opzioni Call, è spesso più

vantaggioso vendere l'opzione Put se ha ancora valore temporale.

3. **Automatico vs. Manuale:** Alcuni broker eserciteranno automaticamente le opzioni che sono "in the money" alla scadenza, a meno che tu non dia istruzioni diverse. Assicurati di comprendere le politiche del tuo broker.

4. **Costi di esercizio:** L'esercizio di un'opzione comporta spesso commissioni aggiuntive. Considera questi costi quando decidi se esercitare un'opzione.

5. **Risultati netti:** Prima di esercitare un'opzione, calcola i tuoi risultati netti, tenendo conto del premio pagato o ricevuto per l'opzione e delle commissioni.

6. **Scadenza anticipata:** In alcuni casi, potresti desiderare di esercitare un'opzione prima della sua scadenza. Questo è noto come "esercizio anticipato". Ad esempio, se hai un'opzione Call profondamente in the money prima di una data di distribuzione di dividendi, potresti considerare l'esercizio anticipato per ricevere i dividendi.

In generale, la decisione di esercitare un'opzione dipende dalle tue previsioni di mercato, dalle condizioni attuali del mercato e dalla tua strategia di trading. Spesso, vendere l'opzione sul mercato prima della scadenza è più conveniente per trarre profitto dal suo valore temporale e dalla volatilità del mercato. Tuttavia, in alcune situazioni specifiche, l'esercizio può essere la scelta migliore.

È essenziale comprendere appieno le meccaniche delle opzioni e le conseguenze dell'esercizio prima di entrare in qualsiasi posizione di trading di opzioni. Inoltre, consulta sempre il tuo broker o consulente finanziario per ottenere informazioni specifiche sulle politiche di esercizio e le implicazioni fiscali.

Considerazioni sulla Scelta della Scadenza:

La scelta della scadenza delle opzioni è fondamentale per la tua strategia di trading. Ecco alcune considerazioni da tenere a mente:

1. **Durata delle tue previsioni:** Se hai previsioni a breve termine sul movimento del prezzo dell'asset sottostante, potresti optare per opzioni con scadenze più brevi, come quelle settimanali o mensili. Al contrario, se le tue previsioni sono a lungo termine, potresti preferire opzioni LEAPS con scadenze più lunghe.

2. **Volatilità prevista:** Se prevedi un periodo di alta volatilità nel mercato, potresti optare per scadenze più brevi per adattarti più rapidamente alle fluttuazioni dei prezzi. In caso di previsioni di volatilità moderata o bassa, le opzioni con scadenze più lunghe possono essere più appropriate.

3. **Costo delle opzioni:** Le opzioni con scadenze più lunghe tendono ad avere premi più alti a causa della maggiore quantità di tempo incorporata nel loro prezzo. Valuta se il costo dell'opzione è coerente con la tua strategia e il tuo budget.

4. **Dividendi o eventi futuri:** Se ci sono eventi futuri noti che potrebbero influenzare il prezzo dell'asset sottostante, come annunci di guadagni o distribuzioni di dividendi, considera come queste date potrebbero interagire con la scadenza dell'opzione.

Considerazioni sull'Esercizio delle Opzioni:

L'esercizio delle opzioni è un passo importante, e dovresti prendere in considerazione i seguenti aspetti:

1. **Valutazione del momento opportuno:** Prima di esercitare un'opzione, valuta attentamente il momento opportuno. Se l'opzione è "in the money" (cioè ha valore intrinseco) alla scadenza, potresti decidere di esercitarla per ottenere il massimo profitto.

2. **Valore temporale:** Considera il valore temporale rimanente dell'opzione. Se l'opzione ha ancora una quantità significativa di valore temporale e il prezzo dell'asset sottostante si sta muovendo nella direzione desiderata, potresti

preferire venderla sul mercato per trarre profitto dal valore temporale residuo.

3. **Costi e commissioni:** L'esercizio di un'opzione può comportare commissioni aggiuntive. Valuta come queste commissioni influenzeranno i tuoi profitti netti.

4. **Strategia complessiva:** L'esercizio dell'opzione dovrebbe essere coerente con la tua strategia complessiva di trading e le tue previsioni di mercato. Assicurati che l'esercizio sia in linea con i tuoi obiettivi di investimento.

5. **Considera le implicazioni fiscali:** L'esercizio di opzioni può avere implicazioni fiscali, come tasse sulle plusvalenze. Consulta un professionista della tassazione o un consulente finanziario per comprendere appieno l'impatto fiscale delle tue decisioni di esercizio.

Ricorda che, in molti casi, il trading di opzioni coinvolge la negoziazione di contratti opzionali, e la maggior parte dei trader sceglie di chiudere le proprie posizioni vendendo l'opzione sul mercato prima della scadenza anziché esercitarle.

Tuttavia, in alcune situazioni specifiche, l'esercizio può essere la scelta migliore per ottenere il massimo profitto.

Infine, continua a educarti e ad acquisire esperienza nel trading di opzioni. L'esperienza pratica ti aiuterà a sviluppare un intuito migliore per prendere decisioni informate sulla scadenza e l'esercizio delle opzioni.

Esercizio Anticipato:
L'esercizio anticipato di un'opzione si verifica quando il detentore dell'opzione decide di esercitarla prima della scadenza. Questa decisione può essere influenzata da vari fattori:

1. **Dividendi:** Se possiedi un'opzione Call e l'asset sottostante sta per pagare un dividendo, esercitare l'opzione prima della data di distribuzione dei dividendi può essere vantaggioso. Questo ti permette di ricevere i dividendi come azionista.

2. **Opzioni Profondamente "In the Money":** Quando un'opzione è molto "in the money" e ha un alto valore intrinseco, esercitarla può essere una scelta logica. Tuttavia, considera anche il valore temporale residuo prima di prendere questa decisione.

3. **Eventi di Mercato Iminenti:** Se si prevedono eventi di mercato significativi che potrebbero influenzare il prezzo dell'asset sottostante (ad esempio, annunci di guadagni, decisioni di politica monetaria), l'esercizio anticipato potrebbe essere appropriato per evitare possibili cambiamenti improvvisi.

4. **Scadenza dell'Opzione:** In alcuni casi, un trader potrebbe decidere di esercitare un'opzione

prima della scadenza se si avvicina rapidamente alla data di scadenza e ha un alto valore intrinseco.

Tuttavia, è importante tenere presente che l'esercizio anticipato comporta commissioni aggiuntive e, in alcuni casi, può non essere la scelta più redditizia. Pertanto, valuta attentamente la situazione e fai i calcoli necessari prima di esercitare anticipatamente un'opzione.

Scelta tra Esercizio e Vendita:

La scelta tra esercitare un'opzione e venderla sul mercato è fondamentale e dipende dalla situazione specifica e dalla tua strategia di trading:

1. **Esercizio:** Se hai una forte convinzione che l'asset sottostante subirà un movimento significativo nella direzione desiderata e l'opzione è "in the money," l'esercizio può consentirti di ottenere un profitto maggiore. Tuttavia, dovrai considerare le commissioni di esercizio e il costo di mantenere una posizione nell'asset sottostante.

2. **Vendita sul Mercato:** La vendita di un'opzione sul mercato prima della scadenza può consentirti di incassare il suo valore temporale e trarre profitto dalla volatilità del mercato senza la necessità di esercitare l'opzione. Questo può essere particolarmente utile se la tua prospettiva

è a breve termine e il prezzo dell'opzione è influenzato principalmente dal valore temporale. In generale, molti trader preferiscono vendere le loro opzioni sul mercato piuttosto che esercitarle, poiché questo approccio offre maggiore flessibilità e liquidità. Tuttavia, ci sono situazioni in cui l'esercizio può essere vantaggioso, e queste decisioni dovrebbero essere prese in base alla tua strategia e alle condizioni di mercato.

Infine, è importante mantenere un registro delle tue operazioni di opzioni, compresi i dettagli relativi alla scadenza e all'esercizio, per monitorare le performance e migliorare la tua strategia di trading nel tempo.

1. **Scadenza delle Opzioni:** La scadenza è la data in cui un'opzione perde la sua validità. La scelta della scadenza dipende dalle tue previsioni di mercato, dalla tua strategia di trading e dalla tua tolleranza al rischio. Puoi optare per opzioni con scadenze mensili, settimanali, trimestrali o a lungo termine (LEAPS) in base alle tue esigenze.

2. **Esercizio delle Opzioni:** L'esercizio di un'opzione implica la conversione dell'opzione in una posizione effettiva nell'asset sottostante al prezzo di esercizio. È una decisione importante che deve essere presa con attenzione. Considera i seguenti punti:

   - Valuta se è il momento opportuno per esercitare l'opzione in base alla sua posizione "in the money" e al valore temporale residuo.

- Verifica se esistono eventi futuri, come distribuzioni di dividendi, che possono influenzare la tua decisione.
- Calcola i costi di esercizio, comprese le commissioni, e confrontali con i benefici potenziali.
- Assicurati che l'esercizio sia coerente con la tua strategia complessiva di trading.

3. **Esercizio Anticipato:** In alcune situazioni, l'esercizio anticipato può essere vantaggioso, ad esempio, quando si prevedono eventi di mercato imminenti o si desidera catturare dividendi. Tuttavia, è essenziale considerare attentamente i costi e i benefici dell'esercizio anticipato.

4. **Scelta tra Esercizio e Vendita:** La vendita di un'opzione sul mercato prima della scadenza è spesso preferita dai trader per trarre profitto dal valore temporale residuo e dalla volatilità del mercato senza dover esercitare l'opzione. Tuttavia, l'esercizio può essere opportuno in situazioni specifiche in cui si prevede un movimento significativo dei prezzi nell'asset sottostante.

Infine, ricorda che il trading di opzioni è complesso e comporta rischi. Prima di prendere decisioni riguardo alla scadenza e all'esercizio delle opzioni, acquisisci una solida comprensione delle meccaniche delle opzioni, delle implicazioni fiscali e dei costi associati. Consulta sempre un consulente finanziario o un professionista del settore per garantire che le tue decisioni siano in linea con i tuoi obiettivi finanziari e di investimento. La pratica costante nel trading di opzioni contribuirà a migliorare la tua capacità di prendere decisioni informate e di gestire efficacemente le tue posizioni.

22. Market Makers e Liquidity Providers: Ruolo e funzione nel mercato delle opzioni.

I market makers e i liquidity providers svolgono un ruolo fondamentale nel mercato delle opzioni, contribuendo a garantire la liquidità e facilitando la negoziazione delle opzioni. Esploriamo in dettaglio il loro ruolo e le loro funzioni:

Market Makers:

I market makers sono istituzioni finanziarie o individui che operano nei mercati finanziari, inclusi i mercati delle opzioni. Il loro obiettivo principale è fornire liquidità al mercato, rendendo possibile l'acquisto o la vendita di opzioni in qualsiasi momento.

Ecco come i market makers svolgono il loro ruolo:

1. **Creazione di Mercato:** I market makers si impegnano a creare un mercato per le opzioni,

pronti ad acquistare o vendere in qualsiasi momento. Questo significa che offrono prezzi bid (prezzo di acquisto) e ask (prezzo di vendita) per una varietà di opzioni.

2. **Fissaggio dei Prezzi:** Determinano i prezzi delle opzioni basandosi su vari fattori, tra cui il prezzo dell'asset sottostante, la volatilità, il tempo rimanente alla scadenza e gli interessi aperti. Cercheranno di mantenere un differenziale tra il prezzo bid e ask (spread) per guadagnare dalla negoziazione.

3. **Gestione del Rischio:** I market makers gestiscono il rischio associato alla negoziazione di opzioni. Utilizzano strategie di copertura per bilanciare le loro posizioni e ridurre il rischio di esposizione al mercato.

4. **Fornitura di Liquidità:** Grazie alla loro presenza costante nel mercato, i market makers forniscono liquidità ai trader, consentendo loro di eseguire ordini di acquisto o vendita con facilità. Questo assicura che il mercato delle opzioni rimanga efficiente.

5. **Partecipazione alla Formazione dei Prezzi:** I market makers influenzano la formazione dei prezzi delle opzioni attraverso le loro attività di acquisto e vendita. Tuttavia, devono essere competitivi nei loro prezzi per attirare gli ordini dei trader.

Liquidity Providers:

I liquidity providers sono simili ai market makers ma possono essere istituzioni finanziarie o individui che forniscono liquidità in modo più ampio, non limitandosi solo al ruolo di market making. Essi possono offrire liquidità attraverso una varietà di strumenti finanziari, inclusi ETF, azioni e opzioni.

Le loro funzioni includono:

1. **Offerta di Liquidità:** Come i market makers, i liquidity providers offrono liquidità nei mercati in cui operano. Possono farlo fornendo prezzi bid e ask competitivi per le opzioni e altri strumenti finanziari.

2. **Ampia Copertura:** A differenza dei market makers specializzati in opzioni, i liquidity providers possono coprire una vasta gamma di mercati e strumenti finanziari, contribuendo a garantire la liquidità in modo più ampio.

3. **Riduzione dei Costi di Transazione:** La presenza di liquidity providers aiuta a ridurre i costi di transazione per i trader, in quanto la competizione tra provider tende a stringere gli spread tra i prezzi bid e ask.

4. **Stabilità del Mercato:** La presenza di liquidity providers contribuisce alla stabilità del mercato, poiché sono pronti a intervenire in caso di forti movimenti dei prezzi per evitare disfunzioni di mercato.

In sintesi, sia i market makers che i liquidity providers svolgono un ruolo vitale nel mantenere i mercati delle opzioni liquidi ed efficienti. Forniscono prezzi competitivi, riducono i costi di transazione e aiutano a stabilizzare il mercato. La loro presenza permette ai trader di eseguire ordini di opzioni con maggiore facilità, contribuendo all'integrità e alla vitalità del mercato delle opzioni.

Gestione del Rischio e Modello di Business:

I market makers e i liquidity providers devono gestire con attenzione il rischio associato alle loro attività. La loro principale fonte di profitto deriva dalla differenza tra i prezzi bid e ask, nota come spread. Tuttavia, questo spread può essere influenzato da vari fattori, tra cui la volatilità del mercato, il volume degli scambi e i movimenti dei prezzi.

Per gestire il rischio, i market makers utilizzano modelli matematici complessi noti come modelli di pricing delle opzioni. Questi modelli considerano parametri come la volatilità implicita, il tasso di interesse senza rischio e il tempo rimanente alla scadenza per determinare i prezzi delle opzioni. Mantenendo un portafoglio diversificato di opzioni e utilizzando strategie di copertura, i market makers cercano di bilanciare

il loro rischio e mantenere una redditività
sostenibile.

Quote Obbligate e Contratti Standard:

Nei mercati delle opzioni, i market makers
possono essere soggetti all'obbligo di mantenere
quote (market making obligations). Questo
significa che sono tenuti a fornire prezzi bid e ask
per una serie specifica di opzioni. Questo obbligo
può essere parte di accordi con le borse o può
essere regolamentato da enti di controllo del
mercato finanziario.

Inoltre, i market makers spesso operano
principalmente su contratti standardizzati.
Questi contratti seguono specifiche regole e
specifiche dimensioni dei lotti, il che semplifica la
negoziazione e la liquidità. Contratti
standardizzati facilitano la negoziazione e
l'efficienza del mercato, ma i market makers
devono essere pronti a fare fronte alle
fluttuazioni della domanda e dell'offerta in questi
contratti.

Competizione e Tecnologia:

I mercati finanziari sono altamente competitivi, e
i market makers devono essere tecnologicamente
avanzati per rimanere competitivi. L'uso di
algoritmi di trading avanzati, accesso diretto al
mercato e tecnologia ad alta frequenza (HFT) è
comune tra i market makers per ottenere un
vantaggio competitivo. Questa competizione può

portare a spread molto stretti e a una maggiore efficienza del mercato.

Ruolo durante Eventi di Mercato Straordinari:

Durante eventi di mercato straordinari, come crolli o forti rally, i market makers e i liquidity providers possono sperimentare una maggiore pressione per mantenere liquidità nel mercato. In tali situazioni, possono essere costretti a modificare rapidamente i loro prezzi per adattarsi alle condizioni di mercato mutevoli.

In sintesi, i market makers e i liquidity providers sono fondamentali per l'efficienza e la liquidità del mercato delle opzioni. Gestiscono il rischio con modelli di pricing sofisticati, forniscono prezzi bid e ask competitivi, rispettano obblighi regolamentari e competono in un ambiente ad alta tecnologia. La loro presenza contribuisce a garantire che i trader possano eseguire ordini di opzioni con facilità, mantenendo un mercato delle opzioni dinamico e funzionale.

Variazioni dei Prezzi delle Opzioni:

I market makers devono essere pronti a reagire rapidamente alle variazioni dei prezzi delle opzioni. Poiché i prezzi delle opzioni possono essere influenzati da fattori come la volatilità, i tassi di interesse e gli eventi di mercato, i market makers devono continuamente aggiornare i loro prezzi bid e ask per riflettere queste condizioni mutevoli.

Un aspetto cruciale è l'aggiornamento degli spread in modo appropriato. Durante periodi di alta volatilità o eventi di notizie significativi, i market makers potrebbero allargare gli spread per compensare il rischio aggiuntivo. Questo comporta prezzi ask più alti e prezzi bid più bassi, il che può riflettersi in una maggiore differenza tra il prezzo di acquisto e il prezzo di vendita per gli operatori.

Ruolo nella Riduzione dell'Impact Cost:
L'impact cost si riferisce alla differenza tra il prezzo iniziale di mercato di un'opzione e il prezzo a cui è stata effettivamente eseguita un'operazione. I market makers lavorano per ridurre l'impact cost per i trader, offrendo prezzi bid e ask competitivi. Ciò è particolarmente importante per gli operatori istituzionali e i grandi investitori, che possono avere una maggiore influenza sui prezzi delle opzioni quando effettuano transazioni di grandi dimensioni.

I market makers possono anche utilizzare algoritmi di trading sofisticati per suddividere ordini voluminosi in transazioni più piccole, riducendo così l'impatto sul mercato.

Ruolo durante gli Eventi di Notizie:
Durante gli eventi di notizie importanti o annunci aziendali, la volatilità del mercato delle opzioni può aumentare significativamente. In queste situazioni, i market makers possono svolgere un ruolo chiave nel mantenere la liquidità e impedire forti disfunzioni di mercato. Tuttavia, possono anche allargare gli spread e adottare misure precauzionali per mitigare il rischio.

Accordo con le Borse e Regolamenti:
I market makers devono spesso stipulare accordi con le borse o seguire specifici regolamenti per operare nei mercati delle opzioni. Questi accordi possono includere obblighi di fornire liquidità su una serie specifica di opzioni o di rispettare determinate regole di prezzo. Il mancato rispetto di questi accordi può comportare sanzioni o la revoca del diritto di operare come market maker.

Liquidity Providers in Mercati Globali:
Nel mondo globale dei mercati finanziari, alcune istituzioni agiscono come liquidity providers in mercati di opzioni in diverse parti del mondo. Questo facilita il trading globale di opzioni e aiuta a garantire che i mercati rimangano liquidi durante le diverse sessioni di trading internazionali.

In conclusione, i market makers e i liquidity providers sono figure chiave nel mercato delle opzioni, svolgendo un ruolo cruciale nel mantenere la liquidità, ridurre l'impact cost e stabilizzare il mercato. La loro presenza è fondamentale per permettere agli operatori di opzioni di negoziare in modo efficiente e di accedere a una vasta gamma di opzioni su diverse attività sottostanti. La competizione tra questi operatori contribuisce a creare condizioni di mercato vantaggiose per gli operatori.

1. **Fornire Liquidità:** Market makers e liquidity providers creano un mercato per le opzioni, offrendo prezzi bid e ask competitivi che consentono agli operatori di acquistare e vendere con facilità. Questa liquidità è cruciale per garantire che gli operatori possano eseguire le loro operazioni senza problemi.
2. **Gestione del Rischio:** Gestiscono il rischio associato alle loro attività attraverso l'uso di modelli matematici sofisticati e strategie di copertura. Questo è particolarmente importante quando si negoziano grandi volumi di opzioni o quando si verificano eventi di mercato imprevisti.
3. **Riduzione dell'Impact Cost:** Lavorano per ridurre l'impact cost, la differenza tra il prezzo iniziale di mercato di un'opzione e il prezzo effettivo di esecuzione di un'operazione. Fornendo prezzi competitivi, aiutano gli operatori a ottenere migliori esecuzioni.

4. **Adattabilità alle Condizioni di Mercato:** I market makers devono essere reattivi alle variazioni delle condizioni di mercato, aggiornando costantemente i loro prezzi per riflettere le fluttuazioni dei prezzi delle opzioni e altri fattori influenti.

5. **Ruolo durante gli Eventi di Mercato:**
   - Durante eventi di notizie significativi, possono mantenere la liquidità e impedire disfunzioni di mercato.
   - Possono adottare misure precauzionali, come l'allargamento degli spread, per gestire il rischio durante periodi di alta volatilità.

6. **Conformità Regolamentare:** Devono rispettare accordi con le borse e seguire regolamenti specifici. Questo assicura che le loro attività siano regolate e in conformità con le normative di mercato.

7. **Competizione e Innovazione:** La competizione tra i market makers e i liquidity providers promuove l'innovazione tecnologica nel trading di opzioni. L'uso di algoritmi avanzati e tecnologie all'avanguardia è comune per rimanere competitivi.

La presenza di market makers e liquidity providers contribuisce a mantenere un mercato delle opzioni efficiente e accessibile, garantendo che ci sia liquidità sufficiente per gli operatori di tutti i livelli. La loro capacità di gestire il rischio, offrire prezzi competitivi e adattarsi alle condizioni di mercato è fondamentale per la stabilità e l'integrità del mercato delle opzioni. Inoltre, la competizione tra questi operatori beneficia gli operatori, poiché promuove prezzi migliori e una maggiore efficienza del mercato nel complesso.

23. Backtesting di Strategie: Verificare la validità di una strategia su dati storici.

Il backtesting di strategie è un processo cruciale per gli operatori e gli investitori che desiderano verificare l'efficacia delle loro strategie di trading o investimento utilizzando dati storici. Questa pratica consente di valutare come una determinata strategia avrebbe funzionato in passato e di trarre conclusioni sulla sua validità. Ecco come funziona in dettaglio:

1. Raccolta dei Dati Storici:

- Il primo passo nel backtesting è raccogliere dati storici accurati e completi sul mercato su cui si desidera testare la strategia. Questi dati possono includere prezzi di mercato, volumi di scambio, tassi di interesse e altre informazioni rilevanti.

2. Definizione della Strategia:

- Successivamente, è necessario definire chiaramente la strategia che si desidera testare.

Questo dovrebbe includere le regole di ingresso e uscita, i parametri di gestione del rischio e altre considerazioni importanti.

3. Creazione di un Modello di Backtesting:

- Utilizzando software di trading o strumenti specifici per il backtesting, è possibile creare un modello che applichi la strategia ai dati storici. Questo modello eseguirà automaticamente la strategia sui dati passati.

4. Esecuzione del Backtest:

- Il modello di backtesting eseguirà la strategia su dati storici, seguendo le regole definite. Questo processo simula come la strategia avrebbe funzionato nel passato.

5. Raccolta dei Risultati:

- Durante il backtest, vengono registrati i risultati delle operazioni, inclusi profitti, perdite, tassi di rendimento e altre metriche pertinenti. Questi risultati sono fondamentali per valutare l'efficacia della strategia.

6. Analisi dei Risultati:

- Dopo aver eseguito il backtest, è necessario analizzare i risultati in dettaglio. Questo coinvolge l'esame delle metriche di performance, come il rendimento complessivo, il rapporto rischio/rendimento, la massima drawdown (perdita massima in un periodo), e altro ancora.

7. Ottimizzazione e Rifinitura:

- In base ai risultati del backtest, è possibile apportare modifiche o ottimizzazioni alla strategia per migliorare le prestazioni. Tuttavia, è importante evitare la "sovrapparametrizzazione", ossia l'ottimizzazione eccessiva della strategia che potrebbe comportare una mancanza di adattabilità alle future condizioni di mercato.

8. Test Fuori Campione (Out-of-Sample):

- Per verificare ulteriormente la validità della strategia, è consigliabile eseguire un test fuori campione su dati storici separati da quelli utilizzati per il backtest. Questo aiuta a valutare se la strategia è robusta e può funzionare in condizioni di mercato diverse.

9. Implementazione Pratica:

- Dopo aver completato il backtest e aver effettuato eventuali ottimizzazioni, è possibile implementare la strategia nella pratica, utilizzando il capitale reale. È importante seguire attentamente le regole della strategia per evitare deviazioni emotive.

È fondamentale notare che il backtesting è uno strumento importante ma non è una garanzia di successo futuro. I mercati finanziari sono soggetti a cambiamenti e incertezze, e le condizioni passate potrebbero non riflettere esattamente quelle future. Pertanto, il backtesting dovrebbe essere utilizzato come parte di un processo decisionale più ampio, che comprende una buona gestione del rischio, una comprensione delle dinamiche di mercato attuali e la prontezza a adattare la strategia in base alle condizioni in evoluzione.

Dati di Qualità: La qualità dei dati storici è fondamentale per un backtest accurato. È importante assicurarsi che i dati utilizzati siano completi, accurati e privi di errori. Anche un solo dato errato potrebbe influenzare significativamente i risultati del backtest.

Riproducibilità: Per garantire che il backtest sia riproducibile, è importante documentare tutte le impostazioni e le condizioni utilizzate nel processo. Questo include la definizione precisa delle regole della strategia, dei parametri di gestione del rischio e delle condizioni di mercato durante il backtest.

Curve di Equity: Le curve di equity mostrano l'andamento del capitale nel tempo durante il backtest. È importante analizzare attentamente queste curve per valutare la coerenza della strategia. Se si verificano oscillazioni estreme o perdite significative, potrebbe essere necessario rivedere la strategia.

Overfitting e Curve di Ottimizzazione: Un errore comune nel backtesting è l'overfitting, ovvero l'ottimizzazione eccessiva della strategia sui dati storici. Questo può portare a una strategia che funziona bene sui dati passati ma si comporta male sul mercato reale. Per evitare questo problema, è importante limitare l'ottimizzazione e assicurarsi che la strategia sia robusta e non adatta solo ai dati storici specifici.

Considerazioni sulle Commissioni e gli Spread: Nel backtest, è comune trascurare le commissioni di negoziazione e gli spread tra i prezzi bid e ask. Tuttavia, in un ambiente di trading reale, queste spese possono avere un impatto significativo sui risultati. È importante considerarle nelle simulazioni di backtest.

Adattamento alle Condizioni di Mercato Cambianti: Le strategie che funzionano bene in determinate condizioni di mercato potrebbero non essere altrettanto efficaci in altre. È importante comprendere le caratteristiche della strategia e valutare come si comporta in vari scenari di mercato.

Limitazioni del Backtesting: Il backtesting ha alcune limitazioni intrinseche. Non può prevedere eventi futuri imprevisti, come eventi geopolitici o annunci aziendali, che possono influenzare notevolmente i mercati. Inoltre, il comportamento dei mercati potrebbe cambiare nel tempo, il che potrebbe rendere obsoleti i risultati del backtest.

Test Fuori Campione Continuo: Dopo aver implementato una strategia, è consigliabile continuare a eseguire test fuori campione per valutarne le prestazioni nel contesto del mercato attuale. Ciò aiuta a identificare eventuali problemi e a mantenerla aggiornata.

Attenzione alla Psicologia del Trading: Il backtesting è un processo oggettivo basato sui dati, ma il trading reale coinvolge anche aspetti psicologici. I trader dovrebbero essere consapevoli della differenza tra l'analisi dei dati storici e l'emozione che può influenzare le decisioni di trading dal vivo.

In sintesi, il backtesting delle strategie è uno strumento potente per valutare l'efficacia delle strategie di trading o investimento. Tuttavia, deve essere utilizzato con attenzione, tenendo conto delle sfide e delle limitazioni, e integrato in un approccio di trading più ampio che comprenda una buona gestione del rischio e la capacità di adattarsi alle mutevoli condizioni di mercato.

Ottimizzazione Sensibile al Tempo: Nel backtesting, è essenziale considerare il fatto che alcune strategie possono essere sensibili al tempo e alle condizioni economiche. Ad esempio, una strategia basata sulla stagionalità potrebbe funzionare bene solo in determinati periodi dell'anno. Pertanto, è importante selezionare attentamente il periodo di dati storici da utilizzare nel backtest in base alla strategia specifica.

Simulazione di Condizioni di Mercato Estreme: È utile testare come la strategia si comporta in condizioni di mercato estreme o in situazioni di crisi finanziaria. Questo può fornire informazioni preziose sulla resilienza della strategia e sulla sua capacità di limitare le perdite durante eventi avversi.

Gestione del Capitale e Dimensione delle Posizioni: Nel backtesting, è fondamentale considerare come la strategia gestisce il capitale e determina la dimensione delle posizioni. La gestione del capitale può influenzare significativamente i risultati complessivi. Assicurarsi che la strategia utilizzi un'adeguata gestione del rischio è cruciale per la protezione del capitale.

Monitoraggio Continuo: Il backtesting non dovrebbe essere un processo "imposta e dimentica". Dopo aver implementato una strategia nel trading dal vivo, è necessario monitorarla continuamente per assicurarsi che le condizioni di mercato e l'efficacia della strategia rimangano allineate.

Analisi delle Correlazioni: Se si sta creando un portafoglio di strategie, è importante analizzare le correlazioni tra di esse. Un portafoglio diversificato dovrebbe includere strategie che non siano altamente correlate tra loro, al fine di ridurre il rischio complessivo.

Comprendere i Limiti del Backtest: Il backtesting è una rappresentazione storica e non può prevedere il futuro con certezza. È possibile che una strategia che ha funzionato bene nel passato non funzioni altrettanto bene in futuro. Pertanto, è importante essere consapevoli dei limiti del backtest e utilizzarlo come uno strumento di valutazione, ma non come un'indicazione sicura di successo futuro.

Backtest Realistici: Evitare l'errore comune di creare backtest troppo ottimistici. Alcuni trader possono cadere nella trappola di "curvare" il backtest per ottenere risultati eccezionali, ma questo può portare a aspettative irrealistiche e a decisioni di trading imprudenti.

Iterazione e Apprendimento: Il backtesting è un processo iterativo. Man mano che si accumula esperienza e si acquisisce una migliore comprensione delle dinamiche di mercato, è possibile apportare miglioramenti alla strategia e al processo di backtesting stesso.

In sintesi, il backtesting è una componente essenziale per lo sviluppo e la valutazione delle strategie di trading. Tuttavia, deve essere eseguito con attenzione, con una comprensione approfondita delle sfide e delle considerazioni coinvolte, e dovrebbe essere integrato in un approccio complessivo al trading che comprenda la gestione del rischio, l'adattabilità e la gestione delle aspettative realistiche.

Simulazione di Scenari Economici: Un approccio avanzato al backtesting può includere la simulazione di scenari economici. Ciò significa testare come la strategia si comporterebbe in diverse situazioni macroeconomiche, come recessioni, periodi di inflazione o boom economici. Questo può essere particolarmente rilevante per strategie di lungo termine che possono essere influenzate da variabili economiche globali.

Test Multipli: È spesso utile eseguire molteplici iterazioni di backtest per valutare come la strategia si comporta in diverse condizioni. Ad esempio, è possibile testare la strategia su dati storici di mercati diversi o su intervalli di tempo diversi per ottenere una panoramica più completa delle sue prestazioni.

Considerazioni sulle Dividend Yield: Se la strategia coinvolge azioni che pagano dividendi, è importante considerare come i dividendi vengono trattati nel backtest. Ad esempio, è possibile reinvestire i dividendi o considerarli come flusso di cassa. La scelta può influenzare notevolmente i risultati.

Fase di Implementazione: Dopo aver completato il backtest, è importante definire una fase di implementazione pratica. Ciò include la selezione di broker, l'apertura di conti di trading e la pianificazione della gestione delle posizioni in tempo reale. In questa fase, è essenziale attenersi alle regole della strategia e alla gestione del rischio.

Approccio Azzardato e Conservatore: Un backtest può mostrare risultati eccellenti, ma è importante considerare se l'approccio della strategia è compatibile con il proprio livello di tolleranza al rischio. Alcune strategie possono essere molto aggressive e comportare rischi elevati, mentre altre sono più conservative. È importante selezionare una strategia che si adatti al proprio profilo di rischio.

Considerazioni Informatiche: La capacità di eseguire backtest complessi può richiedere risorse informatiche significative, specialmente se si utilizzano dati ad alta frequenza o strategie complesse. Assicurarsi di avere l'hardware e il software necessari per eseguire backtest affidabili e rapidi.

Documentazione: Tenere traccia di tutti i dettagli del processo di backtesting è essenziale per l'analisi e la valutazione continua della strategia. Documentare le modifiche apportate alla strategia e i risultati ottenuti può aiutare a migliorare nel tempo.

Test Avanti: Mentre il backtesting si basa su dati storici, è possibile eseguire anche test "avanti". Questi test coinvolgono l'applicazione della strategia a dati futuri man mano che diventano disponibili senza conoscere i risultati. Questo può aiutare a valutare come la strategia si adatta alle nuove condizioni di mercato.

Consulenza Professionale: Se si sta considerando l'utilizzo di strategie di trading complesse o si ha un capitale significativo in gioco, è saggio consultare un consulente finanziario o un professionista del trading per ottenere un'opinione esperta e considerazioni fiscali.

In conclusione, il backtesting è uno strumento essenziale per valutare le strategie di trading, ma richiede attenzione ai dettagli, conoscenza delle sfide e un approccio disciplinato. È parte di un processo continuo di sviluppo e affinamento delle strategie di trading nel tempo.

In conclusione, il backtesting delle strategie è una componente cruciale nell'ambito del trading e dell'investimento. Tuttavia, per ottenere risultati validi e utili, è essenziale eseguirlo in modo accurato, rigoroso e completo. Ecco alcune considerazioni finali:

1. **Ricerca Dettagliata:** Prima di iniziare il backtest, è necessario condurre una ricerca approfondita sulla strategia che si intende testare. Questo comprende la definizione chiara delle regole di ingresso e uscita, la scelta dei parametri e l'identificazione delle condizioni di mercato in cui la strategia dovrebbe funzionare meglio.

2. **Dati di Alta Qualità:** I dati storici utilizzati nel backtest devono essere accurati, completi e di alta qualità. È importante verificare la provenienza dei dati e assicurarsi che siano privi di errori o discrepanze.

3. **Metodologia Statistica:** Utilizzare metodi statistici appropriati per analizzare i risultati del backtest. Questo può includere calcoli di rendimento, volatilità, Sharpe ratio e altri indicatori di performance.

4. **Gestione del Rischio:** Integrazione di parametri di gestione del rischio nel backtest. Questo può includere l'uso di stop-loss, limiti di esposizione, dimensioni delle posizioni adeguate e altre strategie di protezione del capitale.

5. **Verifica dei Risultati:** Dopo aver completato il backtest, verificare attentamente i risultati ottenuti. Questo può includere l'analisi delle curve di equity, l'esame delle statistiche di

performance e la valutazione delle metriche di rischio.

6. **Realismo e Consistenza:** Evitare l'overfitting e assicurarsi che il backtest rifletta una simulazione realistica delle condizioni di mercato. Mantenere la coerenza tra il backtest e il trading dal vivo è essenziale.

7. **Iterazione Continua:** Il backtesting non è un processo statico. È importante essere disposti a modificare e adattare la strategia sulla base dei risultati del backtest e dell'esperienza reale di trading.

8. **Disciplina e Emotività:** Infine, mantenere la disciplina emotiva è fondamentale. Anche se il backtest può fornire una guida, il trading dal vivo comporta emozioni reali e decisioni difficili. Mantenere la calma e la disciplina durante il trading è essenziale per il successo a lungo termine.

In sintesi, il backtesting delle strategie è uno strumento potente per i trader e gli investitori, ma richiede un approccio professionale e accurato. È una componente chiave di un processo di sviluppo delle strategie che comprende la ricerca, il testing, la gestione del rischio e l'adattamento continuo. Utilizzato in modo appropriato, può contribuire a prendere decisioni di trading più informate e a migliorare la redditività complessiva delle strategie di investimento.

24. Automatizzazione del Trading: Utilizzo di algoritmi e piattaforme.

L'automatizzazione del trading, che coinvolge l'utilizzo di algoritmi e piattaforme specializzate, rappresenta un aspetto avanzato del trading. Questa pratica offre vantaggi significativi, ma richiede anche una comprensione approfondita e una gestione attenta. Esploriamo ulteriormente questo argomento:

Algoritmi di Trading: Gli algoritmi di trading sono programmi informatici progettati per eseguire operazioni di trading in modo automatico, basati su una serie di regole e condizioni predefinite. Questi algoritmi possono essere utilizzati per eseguire ordini di acquisto o vendita, gestire posizioni esistenti, eseguire strategie di arbitraggio e altro ancora. Possono essere personalizzati per adattarsi a una vasta gamma di strategie di trading.

Vantaggi dell'Automatizzazione: Alcuni dei vantaggi principali dell'automatizzazione del trading includono l'esecuzione rapida degli ordini, l'eliminazione delle emozioni dal processo decisionale, la capacità di eseguire operazioni su molti strumenti finanziari contemporaneamente

e la possibilità di monitorare i mercati 24 ore su
24.

Tipi di Algoritmi: Ci sono diversi tipi di algoritmi di trading, tra cui:

- **Algoritmi di esecuzione:** Progettati per ottenere il miglior prezzo possibile per un ordine, possono includere algoritmi basati su volume, algoritmi di partecipazione, algoritmi VWAP (Volume-Weighted Average Price) e altri.

- **Algoritmi di market-making:** Utilizzati dai market maker per fornire liquidità al mercato, cercando di guadagnare dalla differenza tra il prezzo di acquisto e il prezzo di vendita.

- **Algoritmi di arbitraggio:** Progettati per sfruttare differenze di prezzo tra strumenti o mercati diversi. Questi algoritmi possono includere l'arbitraggio statistico, l'arbitraggio delle fusioni e acquisizioni, l'arbitraggio delle coppie e altro ancora.

Piattaforme di Trading Automatico: Esistono molte piattaforme di trading automatico disponibili sul mercato, alcune delle quali consentono anche ai trader non programmatori di creare e testare algoritmi. Tali piattaforme forniscono strumenti per la creazione, il backtesting e l'implementazione di strategie automatizzate.

Gestione del Rischio: Anche nell'automazione del trading, la gestione del rischio rimane fondamentale. È importante stabilire limiti di perdita, dimensionare correttamente le posizioni e monitorare costantemente le prestazioni dell'algoritmo.

Controlli Umani: Anche se il trading può essere automatizzato, è consigliabile mantenere un controllo umano sul processo. Questo significa monitorare le prestazioni dell'algoritmo, adattarlo alle condizioni di mercato mutevoli e intervenire se si verificano situazioni anomale o problemi tecnici.

Sviluppo e Test degli Algoritmi: Prima di implementare un algoritmo di trading automatizzato, è necessario dedicare tempo allo sviluppo e al test. Questo include la progettazione delle regole di trading, la programmazione dell'algoritmo, il backtesting su dati storici e la valutazione della sua performance.

Aspetti Normativi: In molti paesi, l'automazione del trading è soggetta a regolamentazioni specifiche. I trader devono essere consapevoli delle leggi e dei regolamenti locali relativi all'automatizzazione del trading e assicurarsi di essere conformi.

In conclusione, l'automatizzazione del trading offre potenzialmente una maggiore efficienza e una riduzione delle emozioni nel processo decisionale. Tuttavia, richiede una solida comprensione delle strategie di trading, della gestione del rischio e delle considerazioni tecnologiche. È un campo in costante evoluzione, con nuove tecnologie e piattaforme che continuano a emergere, offrendo opportunità e sfide per i trader e gli investitori.

Indicatori Tecnici: Gli indicatori tecnici sono spesso utilizzati nella progettazione di algoritmi di trading automatizzati. Questi indicatori sono calcoli matematici basati su dati di prezzo e volume, e possono aiutare a identificare segnali di ingresso o uscita. Alcuni indicatori comuni includono le medie mobili, l'RSI (Relative Strength Index), le bande di Bollinger e il MACD (Moving Average Convergence Divergence).
Strategie Algoritmiche Popolari: Alcune delle strategie algoritmiche più popolari includono:

- **Trend Following:** Questa strategia mira a identificare e seguire i trend di mercato. Gli algoritmi cercano di entrare in posizioni lunghe (comprando) durante i trend rialzisti e in posizioni corte (vendendo) durante i trend ribassisti.

- **Mean Reversion:** In contrasto con il trend following, questa strategia si basa sull'idea che i prezzi tendano a tornare alla loro media storica. Gli algoritmi cercano di trarre profitto dalle fluttuazioni dei prezzi che si discostano dalla media.

- **Arbitraggio Statistico:** Questa strategia cerca di sfruttare le discrepanze di prezzo tra strumenti o mercati simili. Gli algoritmi identificano situazioni in cui il prezzo di uno strumento è sottostimato o sovrastimato rispetto a un altro e cercano di trarre profitto dalla differenza.

- **Market Making:** I market maker utilizzano algoritmi per fornire liquidità al mercato, inserendo costantemente ordini di acquisto e vendita. Guadagnano dalla differenza tra il prezzo di acquisto (bid) e il prezzo di vendita (ask).

Co-location: In alcuni casi, i trader ad alta frequenza (HFT) utilizzano servizi di co-location per ridurre al minimo la latenza nell'esecuzione degli ordini. Questi servizi consentono di posizionare i server di trading fisicamente vicino alle infrastrutture dei mercati, riducendo al minimo il tempo di trasmissione dei dati.

Mercati e Asset Disponibili:
L'automatizzazione del trading può essere applicata a una vasta gamma di mercati e asset, tra cui azioni, futures, opzioni, forex e criptovalute. La scelta dipende dalle preferenze del trader e dalla strategia.

Rischio Tecnologico: L'automazione del trading comporta anche rischi tecnologici. Un guasto hardware o software può causare perdite significative. Pertanto, è fondamentale avere procedure di backup e sistemi di monitoraggio per affrontare situazioni di emergenza.

Backtesting Avanzato: L'accuratezza del backtesting rimane cruciale nell'automazione del trading. Gli algoritmi devono essere testati su dati storici, ma è importante considerare anche gli slippage (scostamenti dal prezzo previsto) e le commissioni di trading nella simulazione.

Psicologia del Trading Automatico: Anche se l'automazione del trading elimina le emozioni umane dal processo decisionale, i trader devono comunque essere preparati psicologicamente per i periodi di perdita e devono evitare l'interferenza emotiva con gli algoritmi.

Monitoraggio Continuo: Anche dopo l'implementazione, gli algoritmi di trading devono essere costantemente monitorati. Le condizioni di mercato possono cambiare, e gli algoritmi potrebbero richiedere aggiustamenti o persino interventi umani in situazioni eccezionali.

In definitiva, l'automatizzazione del trading è un campo in continua evoluzione che offre opportunità significative per i trader e gli investitori. Tuttavia, richiede una solida comprensione delle strategie, della tecnologia e della gestione del rischio. È importante adattare l'automazione alle proprie esigenze e preferenze e rimanere sempre aggiornati sulle tendenze e le nuove tecnologie nel mondo del trading algoritmico.

Machine Learning e Intelligenza Artificiale (AI): Il machine learning e l'intelligenza artificiale stanno rivoluzionando l'automatizzazione del trading. Gli algoritmi di machine learning possono analizzare enormi quantità di dati per identificare modelli e opportunità di trading che potrebbero sfuggire a un trader umano. Alcuni esempi includono l'uso di reti neurali per il riconoscimento di pattern nei dati di mercato o algoritmi di apprendimento supervisionato per la previsione dei movimenti dei prezzi.

Algoritmi di Trading ad Alta Frequenza (HFT): Gli algoritmi di trading ad alta frequenza sono progettati per eseguire un gran numero di ordini in brevissimo tempo, spesso in millisecondi o microsecondi. Questi algoritmi sfruttano la velocità e la tecnologia avanzata per capitalizzare su piccole discrepanze di prezzo e guadagnare in modo significativo su volumi elevati. Tuttavia, l'HFT è altamente competitivo e richiede una connessione ultra-rapida ai mercati.

Strategie Quantitative: Le strategie quantitative utilizzano analisi statistiche e matematiche complesse per identificare opportunità di trading. Queste strategie si basano su dati storici e possono includere la modellazione statistica, la regressione lineare, la costruzione di portafogli ottimizzati e altro ancora.

Piattaforme di Trading Algoritmico: Numerose piattaforme di trading algoritmico sono disponibili per i trader e gli investitori. Queste piattaforme offrono una varietà di strumenti, dalla creazione e il backtesting di algoritmi alla loro esecuzione in tempo reale sui mercati finanziari globali. Alcune piattaforme consentono persino di accedere a algoritmi sviluppati da professionisti del settore.

Regolamentazione: La regolamentazione delle attività di trading automatizzato varia da paese a paese. Le autorità di regolamentazione stanno lavorando per garantire che l'automazione del trading sia trasparente e che non crei instabilità nei mercati finanziari. I trader devono essere consapevoli delle regole e dei requisiti specifici della loro giurisdizione.

Sistemi di Gestione dell'Ordine (OMS): Gli OMS sono software utilizzati per gestire il flusso di ordini e la loro esecuzione. Questi sistemi consentono ai trader di inviare e monitorare gli ordini, nonché di gestire in modo efficiente le operazioni di trading.

Scelta dell'Orizzonte Temporale: Gli algoritmi di trading possono essere progettati per operare su diversi orizzonti temporali, dal day trading all'investimento a lungo termine. La scelta dipende dalla strategia e dalla tolleranza al rischio del trader.

Esecuzione dell'Ordine: Quando si utilizzano algoritmi, l'esecuzione dell'ordine è fondamentale. Gli algoritmi devono essere configurati per instradare gli ordini ai mercati appropriati e per ottenere il miglior prezzo possibile. L'ottimizzazione dell'esecuzione è una considerazione chiave nell'automazione del trading.

In definitiva, l'automatizzazione del trading è una disciplina in continua evoluzione che si basa su tecnologie avanzate, analisi complesse dei dati e strategie sofisticate. Tuttavia, è importante sottolineare che il trading automatizzato non è una scorciatoia verso il successo. Richiede una comprensione approfondita dei mercati finanziari, della tecnologia e della gestione del rischio. È fondamentale che i trader si educino e si formino adeguatamente prima di entrare nell'arena del trading algoritmico.

Selezione dell'Intervallo Temporale: La selezione dell'intervallo temporale è un passaggio critico nella progettazione di algoritmi di trading. Gli operatori devono decidere se desiderano negoziare a breve termine, come nell'intraday trading, o a lungo termine. Le strategie intraday richiedono una supervisione costante dei mercati, mentre quelle a lungo termine possono richiedere un monitoraggio meno frequente.

Tipi di Ordini: Gli algoritmi di trading possono utilizzare una varietà di tipi di ordini, tra cui ordini di mercato, ordini limite, ordini stop e ordini condizionali. La scelta del tipo di ordine dipende dalla strategia e dalle condizioni di mercato.

Gestione del Portafoglio: La gestione del portafoglio è essenziale nell'automatizzazione del trading. Gli algoritmi devono essere progettati per dimensionare correttamente le posizioni, tenendo conto del capitale disponibile, del rischio accettabile e della diversificazione del portafoglio.

Considerazioni Fiscali: L'automatizzazione del trading può avere implicazioni fiscali significative. Le leggi fiscali variano da paese a paese e possono influenzare il momento dell'imposta sulle plusvalenze, le deduzioni consentite e altre questioni. È importante consultare un consulente fiscale professionale per comprendere le implicazioni fiscali del trading automatizzato.

Sorveglianza e Sicurezza: La sicurezza dei sistemi di trading automatizzato è cruciale. Gli operatori devono proteggere i loro algoritmi da accessi non autorizzati e assicurarsi che i dati di mercato siano trattati in modo sicuro. L'implementazione di misure di sicurezza robuste è essenziale per prevenire frodi e violazioni della sicurezza.

Adattamento alle Condizioni di Mercato: Le condizioni di mercato possono variare notevolmente nel tempo. Gli algoritmi devono essere progettati per adattarsi a diverse condizioni, ad esempio, in un mercato volatile o in un mercato in ribasso. La capacità di riconoscere quando una strategia potrebbe non essere adatta a una situazione di mercato specifica è fondamentale.

Costi dell'Automatizzazione: L'automatizzazione del trading comporta costi. Questi costi possono includere l'acquisto di software specializzato, l'accesso ai dati di mercato in tempo reale e le commissioni di esecuzione. I trader devono valutare attentamente i costi e i benefici dell'automatizzazione.

Formazione Continua: Poiché la tecnologia e i mercati finanziari sono in continua evoluzione, la formazione continua è essenziale per i trader che utilizzano l'automatizzazione. Essere al passo con le ultime tendenze e le nuove tecnologie può aiutare a rimanere competitivi.

In sintesi, l'automatizzazione del trading è una disciplina che richiede una pianificazione attenta, una comprensione approfondita dei mercati finanziari e delle tecnologie avanzate, nonché una gestione adeguata del rischio. È un campo che offre opportunità significative per i trader, ma richiede anche un impegno costante nella formazione e nell'aggiornamento delle competenze per avere successo nel lungo termine.

Backtesting Avanzato: Il backtesting è una fase cruciale nella creazione di algoritmi di trading automatizzati. Consiste nel testare una strategia su dati storici per valutare le prestazioni passate. Tuttavia, il backtesting avanzato va oltre. Include l'ottimizzazione dei parametri dell'algoritmo per massimizzare i rendimenti storici. Questo processo può essere complicato e richiede competenze di programmazione avanzate, oltre a una buona comprensione statistica.

Filtraggio dei Dati: Quando si lavora con dati di mercato, è fondamentale applicare filtri appropriati. Ad esempio, è possibile filtrare i dati per rimuovere eventuali errori o dati di mercato errati. Inoltre, è possibile applicare filtri per eliminare la rumorosità nei dati o per concentrarsi solo su determinati periodi di tempo. Il filtraggio dei dati è essenziale per ottenere una visione accurata dei movimenti di mercato e per evitare decisioni errate basate su dati distorti.

Sviluppo di Indicatori Personalizzati: Molti trader avanzati sviluppano indicatori personalizzati per i loro algoritmi. Questi indicatori possono essere basati su formule matematiche complesse o su strategie di analisi tecnica uniche. La capacità di creare indicatori personalizzati consente ai trader di adattare i loro algoritmi alle loro esigenze specifiche di trading.

Gestione dell'Overfitting: L'overfitting è un pericolo comune nel backtesting avanzato. Si verifica quando un algoritmo viene adattato troppo ai dati storici e non è in grado di generalizzare efficacemente alle condizioni future di mercato. Per evitare l'overfitting, è necessario utilizzare dati di test separati dai dati di addestramento e applicare tecniche di regolarizzazione.

Sistemi Multi-Asset: Alcuni trader automatizzati operano su più mercati e asset contemporaneamente. La gestione di un portafoglio multi-asset richiede una comprensione approfondita delle correlazioni tra gli asset e delle dinamiche di mercato in diversi settori. L'obiettivo è costruire un portafoglio diversificato che possa ridurre il rischio complessivo.

Monitoraggio delle Prestazioni in Tempo Reale: Anche se l'automatizzazione del trading è basata su algoritmi, è importante monitorare costantemente le prestazioni in tempo reale. Ciò significa controllare gli ordini eseguiti, il rispetto dei parametri di rischio e la coerenza con la strategia in corso. In caso di problemi o anomalie, è essenziale intervenire prontamente.

Sviluppo su Piattaforme Specializzate: Alcuni trader avanzati sviluppano i propri algoritmi su piattaforme specializzate per il trading algoritmico. Queste piattaforme offrono strumenti avanzati e una maggiore flessibilità nella creazione e nell'esecuzione di algoritmi. Tuttavia, richiedono anche una curva di apprendimento più ripida rispetto a soluzioni più semplici.

Comunità e Condivisione: Molti trader avanzati partecipano a comunità online o forum dedicati al trading algoritmico. Questi luoghi offrono l'opportunità di condividere conoscenze, strategie e soluzioni tecniche con altri professionisti del settore.

In conclusione, l'automatizzazione del trading è un campo complesso che richiede competenze avanzate, dedizione e un approccio rigoroso. È una strada che può portare a risultati significativi, ma richiede anche un impegno costante per rimanere aggiornati sulle nuove tecnologie e le best practice nel settore del trading algoritmico.

1. **Formazione Adeguata:** Prima di intraprendere il trading automatizzato, è necessario acquisire una solida comprensione dei mercati finanziari, della programmazione e delle strategie di trading. La formazione continua è essenziale per rimanere al passo con le nuove tendenze e le tecnologie emergenti.

2. **Sviluppo di Strategie Efficaci:** La creazione di algoritmi di trading vincenti richiede una profonda conoscenza delle strategie di trading. Gli algoritmi devono essere testati e ottimizzati attraverso il backtesting su dati storici per assicurarsi che siano in grado di adattarsi alle condizioni di mercato in evoluzione.

3. **Gestione del Rischio:** La gestione del rischio è cruciale. Gli algoritmi devono essere configurati per stabilire stop-loss e take-profit appropriati, oltre a definire le dimensioni delle posizioni in base al capitale disponibile e al livello di rischio accettabile.

4. **Tecnologia e Infrastruttura Affidabili:**
L'accesso a dati di mercato in tempo reale e una connessione internet stabile sono fondamentali per l'esecuzione affidabile degli ordini. Inoltre, la sicurezza dei dati e dei sistemi deve essere garantita per proteggere da minacce esterne.

5. **Adattamento Continuo:** I mercati finanziari sono dinamici, e le condizioni possono cambiare rapidamente. Gli algoritmi di trading devono essere in grado di adattarsi a nuove situazioni di mercato e ai cambiamenti nelle condizioni macroeconomiche.

6. **Monitoraggio Costante:** Nonostante l'automatizzazione, il trader deve monitorare costantemente le prestazioni degli algoritmi. Ciò include il controllo delle esecuzioni degli ordini, la verifica delle performance e l'intervento in caso di situazioni anomale.

7. **Compliance con le Regolamentazioni:** È fondamentale rispettare tutte le leggi e le regolamentazioni relative al trading automatizzato. Ciò può variare da giurisdizione a giurisdizione e richiede un'attenzione rigorosa alla conformità.

8. **Psicologia del Trading:** Anche se l'automatizzazione riduce l'elemento emotivo dal trading, è comunque importante gestire le emozioni e mantenere la disciplina nella gestione del portafoglio e delle strategie.

9. **Evoluzione Tecnologica:** Le tecnologie legate al trading automatizzato stanno in continuo sviluppo. Essere aperti all'adozione di nuovi strumenti e al miglioramento delle capacità tecniche è cruciale per rimanere competitivi. In sintesi, l'automatizzazione del trading è una disciplina avanzata che offre opportunità di profitto significative, ma richiede un'approfondita preparazione, un impegno costante e una rigorosa gestione del rischio. È un campo in cui la formazione continua e l'adattabilità sono essenziali per il successo a lungo termine.

25. Monitoraggio e Aggiustamento delle Posizioni.

Il monitoraggio e l'aggiustamento delle posizioni sono aspetti fondamentali nel trading di opzioni e in generale nel trading di strumenti finanziari. Questi processi consentono ai trader di gestire il rischio, massimizzare i profitti e adattarsi alle condizioni di mercato in evoluzione. Di seguito, esploreremo ulteriormente questi concetti:
Monitoraggio Continuo delle Posizioni:
- Il monitoraggio delle posizioni è un'attività giornaliera che coinvolge la supervisione costante del portafoglio. Questo può essere fatto

attraverso software di trading o piattaforme online che forniscono dati in tempo reale.

- I trader devono tenere traccia dell'andamento del prezzo dell'opzione, dei cambiamenti nella volatilità, dei movimenti del mercato sottostante e di eventuali eventi di mercato rilevanti.

- Il monitoraggio include anche il controllo degli ordini aperti, come ordini limite e ordini stop-loss, per assicurarsi che siano eseguiti correttamente quando si raggiungono determinati livelli di prezzo.

Aggiustamento delle Posizioni:

- L'aggiustamento delle posizioni è il processo di apportare modifiche alle posizioni in base alle nuove informazioni di mercato o alle modifiche nelle previsioni.

- Gli aggiustamenti possono coinvolgere la chiusura anticipata di posizioni per garantire profitti o limitare perdite, o l'apertura di nuove posizioni per sfruttare nuove opportunità.

- Un esempio comune di aggiustamento è il "roll-out" di una posizione opzionale. Questo coinvolge la chiusura di un'opzione e l'apertura di un'altra con una data di scadenza successiva o uno strike price diverso.

- Gli aggiustamenti possono anche coinvolgere la diversificazione del portafoglio per ridurre il rischio complessivo.

-

Considerazioni Chiave:

- La decisione di apportare aggiustamenti dipende dalla strategia di trading, dalla visione del mercato e dalla tolleranza al rischio del trader.
- Il monitoraggio e l'aggiustamento sono particolarmente importanti nel trading di opzioni, dove le posizioni possono essere complesse e soggette a cambiamenti rapidi nei parametri.
- Un piano di gestione delle posizioni dovrebbe essere stabilito in anticipo, definendo chiaramente le regole per l'aggiustamento in base a diversi scenari di mercato.
- È essenziale mantenere un registro accurato delle transazioni e degli aggiustamenti effettuati per valutare l'efficacia delle strategie nel tempo e per scoprire eventuali aree di miglioramento.

In sintesi, il monitoraggio costante e l'aggiustamento delle posizioni sono pratiche fondamentali nel trading di opzioni e in generale nel trading finanziario. Questi processi aiutano i trader a mantenere il controllo delle proprie posizioni, a gestire il rischio e a sfruttare le opportunità di mercato in modo efficace. Una comprensione approfondita delle strategie e una pianificazione adeguata sono essenziali per avere successo in quest'area.

Tipi di Aggiustamento:

1. **Chiusura Anticipata**: Se un'opzione sta guadagnando o perdendo valore rapidamente e si avvicina al proprio obiettivo di profitto o al limite di perdita, il trader potrebbe decidere di chiuderla anticipatamente per bloccare i profitti o limitare le perdite. Questa è una tattica comune per gestire il rischio.

2. **Roll-Out**: Quando un'opzione si avvicina alla scadenza, il trader può eseguire un roll-out, cioè chiudere l'opzione esistente e aprirne una nuova con una data di scadenza successiva. Questo può consentire di continuare a sfruttare una posizione favorevole senza dover esercitare l'opzione.

3. **Modifica degli Strike Price**: In alcuni casi, un trader può decidere di cambiare lo strike price di un'opzione per adattarsi a nuove previsioni di mercato. Questo può aiutare a mantenere una posizione redditizia o a ridurre le perdite.

4. **Copertura (Hedging)**: Se un trader ritiene che le condizioni di mercato possano cambiare in modo significativo, può utilizzare opzioni per coprire le posizioni esistenti. Ad esempio, un trader azionario potrebbe acquistare opzioni put per coprire il suo portafoglio in caso di una prevista correzione di mercato.

5. **Aggiunta di Posizioni Correlate**: In alcuni casi, è possibile aprire nuove posizioni per

bilanciare il portafoglio e adattarsi alle condizioni di mercato. Ad esempio, un trader potrebbe aprire una posizione long put per compensare una posizione long call.

Analisi delle Prestazioni:

- Il monitoraggio delle posizioni deve essere accompagnato da un'analisi delle prestazioni. I trader devono valutare se le strategie stanno funzionando come previsto o se è necessario apportare aggiustamenti.

- L'analisi delle prestazioni può coinvolgere la valutazione dei rendimenti passati, il calcolo del rapporto rischio-rendimento e la revisione delle strategie alla luce delle condizioni di mercato attuali.

Pianificazione delle Strategie di Aggiustamento:

- È importante pianificare in anticipo come verranno gestite le posizioni in diversi scenari di mercato. Questo può includere l'identificazione di punti di uscita o di livelli di prezzo chiave che attiveranno gli aggiustamenti.

- La pianificazione delle strategie di aggiustamento dovrebbe essere parte integrante del piano di trading complessivo.

Gestione del Capitale:

- La dimensione delle posizioni e la gestione del capitale sono aspetti critici nel monitoraggio e nell'aggiustamento delle posizioni. Un trader deve stabilire limiti di rischio chiari e rispettarli rigorosamente.

- L'allocazione di capitale tra diverse posizioni e strategie è una componente fondamentale per gestire il rischio in modo efficace.

In sintesi, il monitoraggio e l'aggiustamento delle posizioni sono processi dinamici che richiedono attenzione costante. Un trader di successo deve essere flessibile nell'adattare le sue strategie alle mutevoli condizioni di mercato e avere una solida comprensione degli strumenti finanziari utilizzati. La gestione del rischio rimane sempre al centro di queste attività.

Strategie di Copertura (Hedging):

- La copertura è una strategia avanzata che coinvolge l'utilizzo di opzioni per proteggere le posizioni esistenti da movimenti di mercato avversi. Ad esempio, un investitore che detiene un portafoglio azionario significativo potrebbe acquistare opzioni put per proteggersi da una possibile correzione di mercato.
- Nel monitoraggio di una strategia di copertura, il trader deve essere attento ai segnali che suggeriscono che la copertura non è più necessaria. Ad esempio, se le condizioni di mercato migliorano e la prospettiva diventa più ottimistica, il trader potrebbe decidere di

rimuovere la copertura per sfruttare i potenziali guadagni.

Strategie di Rendimento Costante:

- Alcuni trader utilizzano strategie che mirano a generare un reddito costante vendendo opzioni. Queste strategie possono comportare l'apertura di molte posizioni con scadenze diverse. Il monitoraggio quotidiano è essenziale per gestire tali posizioni in modo efficace e per decidere quando chiuderle o aggiustarle.

Aggiustamento in Base alla Volatilità:

- La volatilità è un fattore critico nel trading di opzioni. Quando la volatilità aumenta, il prezzo delle opzioni tende a salire. I trader possono monitorare l'andamento della volatilità e apportare aggiustamenti di conseguenza. Ad esempio, in un mercato altamente volatile, potrebbero considerare l'apertura di posizioni più conservative o l'uso di strategie di spread per ridurre il rischio.

Combinazione di Strategie:

- I trader esperti spesso combinano diverse strategie di opzioni in un'unica posizione. Questo può comportare l'apertura di opzioni call e put contemporaneamente o l'uso di strategie complesse come lo "straddle" o lo "strangle." Il monitoraggio e l'aggiustamento di queste combinazioni richiedono una comprensione avanzata delle interazioni tra le varie opzioni.

Analisi Tecnica e Fondamentale:

- I trader possono utilizzare sia l'analisi tecnica che quella fondamentale per prendere decisioni di aggiustamento. L'analisi tecnica coinvolge l'uso di grafici e indicatori per identificare modelli e tendenze di prezzo, mentre l'analisi fondamentale coinvolge la valutazione dei dati economici e delle notizie aziendali che potrebbero influenzare le posizioni.

Pianificazione Fiscale:

- Le decisioni di aggiustamento possono avere implicazioni fiscali significative. Ad esempio, la vendita anticipata di un'opzione può generare profitti o perdite che devono essere segnalati alle autorità fiscali. I trader devono considerare l'impatto fiscale delle loro azioni nell'ambito della pianificazione generale.

In conclusione, il monitoraggio e l'aggiustamento delle posizioni nel trading di opzioni richiedono una comprensione avanzata delle strategie e delle variabili di mercato. È un processo dinamico che coinvolge la valutazione continua delle condizioni di mercato, l'adattamento alle nuove informazioni e la gestione del rischio. Un trader di successo deve essere preparato a prendere decisioni rapide e ben informate per massimizzare i profitti e limitare le perdite.

In conclusione, il monitoraggio e l'aggiustamento delle posizioni nel trading di opzioni sono un'attività fondamentale per i trader che cercano di gestire il rischio, ottimizzare i profitti e adattarsi alle condizioni di mercato in continua evoluzione. Ecco alcuni punti chiave da tenere a mente:

1. **Monitoraggio Costante**: Il monitoraggio deve essere un'attività giornaliera e regolare. I trader dovrebbero utilizzare strumenti e piattaforme di trading che forniscono dati in tempo reale per seguire da vicino l'andamento delle loro posizioni.

2. **Decisioni Ben Pianificate**: È essenziale avere un piano di trading ben definito che includa regole per l'aggiustamento delle posizioni in base a diversi scenari di mercato. Questo piano dovrebbe essere stabilito in anticipo e seguito attentamente.

3. **Flessibilità e Adattabilità**: I mercati finanziari sono dinamici, e i trader devono essere pronti a prendere decisioni rapide e adattarsi alle nuove informazioni. L'aggiustamento delle posizioni dovrebbe essere basato su dati concreti e previsioni di mercato informate.

4. **Gestione del Rischio**: La gestione del rischio rimane al centro del monitoraggio e dell'aggiustamento delle posizioni. I trader dovrebbero definire limiti di perdita e

dimensionare le posizioni in modo appropriato per evitare esposizioni eccessive al rischio.

5. **Pianificazione Fiscale**: L'impatto fiscale delle decisioni di aggiustamento deve essere considerato attentamente. Vendere o esercitare opzioni può avere implicazioni fiscali significative, e i trader dovrebbero consultare un professionista della fiscalità, se necessario.

6. **Apprendimento Continuo**: Il trading di opzioni è un campo complesso, e i trader dovrebbero impegnarsi nell'apprendimento continuo per migliorare le loro competenze e comprensione delle strategie. L'esperienza e la pratica sono fondamentali per diventare trader di successo.

7. **Registro e Tracciamento**: Mantenere un registro accurato di tutte le transazioni e degli aggiustamenti effettuati è essenziale. Questo aiuta a valutare le prestazioni passate, a migliorare le strategie e a mantenere una traccia di tutte le operazioni per scopi fiscali e di conformità.

Infine, è importante sottolineare che il monitoraggio e l'aggiustamento delle posizioni richiedono tempo e dedizione. Tuttavia, sono componenti essenziali per gestire il rischio e sfruttare le opportunità nei mercati delle opzioni. I trader di successo sviluppano una solida comprensione delle strategie di aggiustamento e sono in grado di prendere decisioni informate in base alle condizioni di mercato in rapida evoluzione.

26. Evoluzione del Mercato e Trend Futuri: Criptovalute, opzioni su commodities, ecc.

L'evoluzione del mercato delle opzioni è un aspetto cruciale da considerare nel trading di opzioni. Questo comprende l'esplorazione di nuovi asset, nuove classi di opzioni e l'adattamento alle tendenze emergenti. Di seguito, esamineremo alcune delle evoluzioni più significative del mercato delle opzioni e alcune delle tendenze future che potrebbero influenzare questo settore:

1. Opzioni su Criptovalute:

- Negli ultimi anni, le criptovalute come Bitcoin ed Ethereum hanno guadagnato popolarità come nuovi asset finanziari. Di conseguenza, sono state introdotte opzioni su criptovalute per consentire ai trader di sfruttare le fluttuazioni dei prezzi di queste monete digitali.
- Le opzioni su criptovalute sono negoziate su diverse piattaforme e possono offrire opportunità di trading sia per gli investitori tradizionali che per quelli cripto-savvy.

2. Opzioni su Commodities:

- Le opzioni su commodities rimangono un elemento importante nel mercato delle opzioni. I trader possono sfruttare queste opzioni per speculare sulle fluttuazioni dei prezzi di beni come petrolio, oro, argento, grano e altri.

- L'andamento dei prezzi delle commodities è influenzato da una serie di fattori, tra cui condizioni meteorologiche, eventi geopolitici, domanda globale e molto altro. Le opzioni su commodities offrono una diversificazione importante nei portafogli di trading.

3. Opzioni su ETF (Exchange-Traded Fund):

- Gli ETF stanno guadagnando terreno come veicoli di investimento popolari. Le opzioni su ETF consentono ai trader di sfruttare l'andamento dei mercati azionari, obbligazionari, settoriali e di settore attraverso un unico strumento.

- Queste opzioni offrono una maggiore diversificazione e liquidità rispetto alle opzioni su singole azioni.

4. Evoluzione delle Piattaforme di Trading:

- Le piattaforme di trading online stanno diventando sempre più avanzate, consentendo ai trader di accedere a una vasta gamma di opzioni e strategie. L'uso di tecnologie come l'intelligenza artificiale e l'analisi dei big data sta cambiando la dinamica del trading.

- L'accesso a piattaforme avanzate è fondamentale per eseguire strategie complesse e per gestire in modo efficace un portafoglio di opzioni.

5. Regolamentazioni e Conformità:

- Le autorità di regolamentazione stanno continuamente aggiornando le normative relative al trading di opzioni per garantire una maggiore trasparenza e protezione degli investitori. È importante che i trader siano consapevoli delle regole e delle leggi vigenti nel loro paese di residenza.

6. Crescita dell'Interesse Globale:

- Il trading di opzioni sta guadagnando popolarità in tutto il mondo, con un crescente interesse da parte di investitori istituzionali, retail e traders privati. Questo potrebbe influenzare la liquidità e la volatilità del mercato delle opzioni.

7. Espansione delle Opzioni Esotiche e Personalizzate:

- L'innovazione continua nel settore delle opzioni ha portato all'introduzione di opzioni esotiche e personalizzate, che possono essere adattate alle esigenze specifiche dei trader o degli investitori. Queste opzioni offrono una maggiore flessibilità, ma richiedono una comprensione avanzata delle caratteristiche e dei rischi associati.

Per rimanere competitivi e sfruttare le opportunità emergenti, i trader di opzioni dovrebbero mantenere una mentalità aperta all'evoluzione del mercato e investire tempo nell'apprendimento e nell'adattamento alle nuove tendenze e alle nuove opportunità. Inoltre, dovrebbero fare attenzione a gestire il rischio in modo adeguato, dato che nuovi asset o strumenti possono comportare una maggiore volatilità e incertezza.

8. Opzioni su Indici Globali:

- Le opzioni sugli indici globali stanno guadagnando popolarità, consentendo ai trader di sfruttare le tendenze di mercato a livello globale. Queste opzioni seguono l'andamento di indici come l'S&P 500, il Dow Jones, il NASDAQ e altri, offrendo una diversificazione geografica.

9. Trading Algoritmico e High-Frequency Trading (HFT):

- Il trading algoritmico e l'HFT stanno diventando sempre più comuni nei mercati delle opzioni. Queste strategie utilizzano algoritmi complessi e velocità di esecuzione estremamente rapide per cercare opportunità di profitto.

- I trader devono essere consapevoli della concorrenza derivante dall'HFT e considerare come potrebbe influenzare l'efficienza del mercato e la liquidità.

10. Opzioni ESG (Ambiente, Sociale, Governance):

- L'investimento sostenibile è una tendenza crescente, e le opzioni legate a criteri ESG stanno emergendo come una nuova classe di opzioni. Queste opzioni permettono agli investitori di prendere posizioni basate su fattori ambientali, sociali e di governance.

11. Integrazione di Blockchain e Tecnologia Decentralizzata:

- La tecnologia blockchain sta trovando applicazioni nel settore delle opzioni, offrendo maggiore trasparenza e sicurezza. Le opzioni basate su blockchain possono semplificare i processi di esecuzione e regolamentazione.

12. Mercati Emergenti:

- I mercati emergenti stanno guadagnando importanza nei mercati delle opzioni. Le opzioni su azioni e indici di mercati emergenti come Cina, India e Brasile stanno diventando sempre più popolari, riflettendo la crescita economica in queste regioni.

13. Formazione e Risorse Online:

- L'accesso a formazione e risorse online sta diventando sempre più diffuso, consentendo ai trader di acquisire conoscenze e competenze in modo più conveniente ed efficace. Queste risorse includono webinar, corsi online, forum di discussione e piattaforme di simulazione di trading.

14. Integrazione dell'Analisi Quantitativa:

- L'analisi quantitativa sta diventando una parte essenziale del trading di opzioni. I trader utilizzano modelli matematici e analisi statistica per valutare le probabilità e sviluppare strategie basate su dati quantitativi.

15. Diversificazione delle Strategie:

- I trader stanno diversificando le loro strategie di trading, includendo strategie di copertura, strategie di reddito costante e strategie complesse di spread. Questa diversificazione mira a ridurre il rischio e ad adattarsi alle condizioni di mercato mutevoli.

16. Sviluppo di Strumenti Analitici Avanzati:

- Il mercato delle opzioni sta assistendo allo sviluppo di strumenti analitici avanzati che consentono ai trader di valutare in modo più approfondito le loro posizioni e strategie. Questi strumenti includono analisi delle sensibilità, calcoli delle probabilità e simulazioni di portafoglio.

In sintesi, il mercato delle opzioni è in continua evoluzione, con nuovi asset, tecnologie e strategie che influenzano costantemente il modo in cui i trader affrontano il trading di opzioni. È importante rimanere aggiornati sulle tendenze del settore, continuare a imparare e adattarsi alle nuove opportunità che si presentano. La diversificazione delle strategie e la gestione attenta del rischio rimangono fondamentali per il successo a lungo termine nel trading di opzioni.

17. Opzioni sulle Criptovalute DeFi:

- Con l'esplosione del settore delle finanze decentralizzate (DeFi), sono emerse nuove opportunità per il trading di opzioni legate alle criptovalute DeFi. Queste opzioni consentono ai trader di sfruttare la volatilità e le innovazioni nel mondo DeFi.

18. Integrazione dell'Intelligenza Artificiale (AI):

- L'IA sta svolgendo un ruolo crescente nel mercato delle opzioni. Gli algoritmi di intelligenza artificiale possono analizzare grandi quantità di dati di mercato per identificare tendenze e opportunità di trading. Questi strumenti possono assistere i trader nella presa di decisioni più informate.

19. Opzioni su Azioni di Società Tech:

- Le società tecnologiche continuano a guidare l'innovazione e l'andamento del mercato. Le opzioni su azioni di società come Amazon, Apple, Tesla e altre rimangono molto popolari tra i trader e gli investitori.

20. Opzioni su ETF Settoriali e Tematici:

- Gli ETF settoriali e tematici stanno guadagnando popolarità. Le opzioni su questi ETF consentono ai trader di sfruttare tendenze specifiche di settore o tematiche, come la tecnologia verde, l'healthcare, l'energia rinnovabile, ecc.

21. Applicazioni Mobile per il Trading di Opzioni:

- L'uso di dispositivi mobili per il trading di opzioni è in crescita. Le app di trading offrono agli investitori la flessibilità di gestire le loro posizioni ovunque si trovino.

22. Opzioni di Scadenza Settimanali e Mensili:

- Le opzioni con scadenza settimanale e mensile forniscono ai trader una maggiore flessibilità nella pianificazione delle loro strategie. Possono essere utilizzate sia per il trading speculativo a breve termine che per la gestione di posizioni a più lungo termine.

23. Attività di M&A e Implicazioni sulle Opzioni:

- Le attività di fusione e acquisizione possono avere un impatto significativo sul prezzo delle azioni. I trader di opzioni cercano opportunità di profitto basate su annunci di M&A e fluttuazioni di prezzo correlate.

24. Opzioni su Cambi e Valute Digitali Centralizzate (CBDC):

- Con lo sviluppo delle valute digitali centralizzate (CBDC), potrebbero emergere nuove opzioni legate a queste valute. Queste opzioni potrebbero aprire nuove vie di trading nei mercati delle valute e delle criptovalute.

25. Miglioramenti nella Liquidità e nell'Esecuzione delle Opzioni:

- La liquidità e l'esecuzione delle opzioni stanno migliorando grazie a innovazioni tecnologiche e all'attenzione continua delle borse e delle piattaforme di trading. Questo è fondamentale per i trader che cercano di ottenere prezzi migliori e tempi di esecuzione più rapidi.

26. Sensibilità all'Inflazione e Politiche Monetarie:

- Le politiche monetarie e l'andamento dell'inflazione possono influenzare i mercati finanziari e le opzioni. I trader dovrebbero essere consapevoli di come questi fattori possano influenzare le loro strategie.

In sintesi, il mercato delle opzioni è un ambiente in costante evoluzione, guidato da innovazioni tecnologiche, tendenze di mercato e sviluppi macroeconomici. Per rimanere competitivi e sfruttare al meglio le opportunità, i trader devono essere disposti a imparare, adattarsi e utilizzare le nuove risorse a loro disposizione. La diversificazione delle strategie rimane cruciale, così come una solida comprensione delle opzioni e dei mercati sottostanti.

27. Opzioni Legate all'Innovazione Tecnologica:

- Con l'accelerazione dell'innovazione tecnologica, le opzioni legate a nuove tecnologie come l'intelligenza artificiale, la realtà virtuale, la blockchain e l'Internet delle cose potrebbero emergere come nuove opportunità di trading. Queste opzioni consentono ai trader di partecipare a settori in crescita.

28. Trading Sociale e Copia Automatica:

- Il trading sociale, dove i trader possono condividere strategie e seguire i successi altrui, sta diventando sempre più comune. Le piattaforme di copia automatica consentono ai trader di replicare automaticamente le operazioni dei trader esperti.

29. Opzioni su Titoli a Reddito Fisso:

- Le opzioni legate a titoli a reddito fisso, come obbligazioni e titoli del tesoro, possono fornire nuove opportunità per la gestione del rischio e il trading. Possono essere utilizzate per proteggere o sfruttare le fluttuazioni dei tassi di interesse.

30. Considerazioni Ambientali e Sociali nelle Opzioni:

- C'è un crescente interesse per le opzioni che tengono conto delle considerazioni ambientali, sociali e di governance (ESG). Queste opzioni potrebbero riflettere l'impatto ambientale di un'azienda o i suoi sforzi per migliorare la diversità e l'inclusione.

31. Opzioni su Materie Prime Sostenibili:

- Le opzioni legate a materie prime sostenibili, come l'energia solare o l'acqua, potrebbero diventare più rilevanti in un contesto di crescente attenzione all'ambiente. Queste opzioni consentono ai trader di sfruttare le tendenze legate alla sostenibilità.

32. Opzioni su Proprietà e Immobili:

- Le opzioni legate a proprietà e investimenti immobiliari stanno guadagnando popolarità. Queste opzioni possono essere utilizzate per proteggere o sfruttare i movimenti nei prezzi delle proprietà.

33. Trading su Blockchain Pubbliche e DeFi:

- Con l'espansione delle blockchain pubbliche e dei protocolli DeFi, potrebbero emergere nuove opzioni basate su queste tecnologie. Queste opzioni potrebbero consentire il trading diretto di asset digitali su blockchain pubbliche.

34. Opzioni su Startup e Imprese Emergenti:

- Le opzioni legate a startup e imprese emergenti stanno diventando più accessibili. Gli investitori possono utilizzare queste opzioni per partecipare al potenziale crescita di nuove imprese.

35. Regolamentazione in Evoluzione:

- La regolamentazione dei mercati delle opzioni continua a evolversi. I trader devono rimanere aggiornati sulle nuove regole e i requisiti di conformità che possono influenzare il loro trading.

In conclusione, il mercato delle opzioni è dinamico e in costante evoluzione, con nuove opportunità che emergono costantemente. Per avere successo, i trader devono essere aperti all'apprendimento continuo, all'adattamento alle nuove tendenze e all'uso di strumenti e tecnologie all'avanguardia. La gestione del rischio rimane fondamentale, indipendentemente dalle opzioni e dalle strategie utilizzate.

36. Opzioni su NFT e Tokenizzazioni:

- Con l'aumento dell'interesse per i token non fungibili (NFT) e la tokenizzazione di asset, potrebbero emergere opzioni legate a questi asset digitali unici. Gli NFT rappresentano la proprietà digitale e possono includere opzioni per il trading o la copertura.

37. Opzioni su Cambi Centrali delle Banche Centrali (CBDC):

- Le banche centrali stanno esplorando le valute digitali centrali (CBDC) come alternative alle valute tradizionali. Le opzioni su CBDC potrebbero diventare rilevanti quando queste valute saranno lanciate e commercializzate.

38. Integrazione di Contratti Intelligenti:

- La tecnologia dei contratti intelligenti basata su blockchain potrebbe essere utilizzata per automatizzare il processo di esercizio e gestione delle opzioni. Questo potrebbe aumentare l'efficienza e ridurre la necessità di intermediari.

39. Opzioni su Proprietà Intellettuale:

- Le opzioni potrebbero essere create per consentire il trading di diritti di proprietà intellettuale, come brevetti e marchi registrati. Questo aprirebbe nuove opportunità per i detentori di tali asset di monetizzare i loro diritti.

40. Espansione dei Mercati Emergenti:

- I mercati delle opzioni stanno crescendo in tutto il mondo, compresi i mercati emergenti. I trader possono ora accedere a opzioni su asset e indici provenienti da paesi in via di sviluppo, ampliando così le loro opportunità di trading.

41. Opzioni su ETF Settoriali ESG:

- Le opzioni su ETF che seguono criteri ambientali, sociali e di governance (ESG) stanno guadagnando popolarità. Gli investitori interessati a promuovere cause sostenibili possono utilizzare queste opzioni per allineare i loro investimenti con i loro valori.

42. Sviluppo di Strumenti di Analisi Avanzati:

- Gli strumenti di analisi tecnica e fondamentale continuano a evolversi. I trader possono utilizzare algoritmi avanzati e modelli di intelligenza artificiale per identificare opportunità di trading e gestire il rischio.

43. Focus sulla Formazione Continua:

- Date le complessità delle opzioni, la formazione continua è essenziale per i trader. Le risorse educative, come webinar, corsi online e comunità di trading, diventano sempre più importanti per rimanere aggiornati sulle migliori pratiche e le nuove strategie.

44. Integrazione con Finanza Decentralizzata (DeFi):

- La DeFi continua a crescere, e l'integrazione tra mercati tradizionali e DeFi potrebbe portare a nuove opzioni che consentono ai trader di sfruttare la liquidità e gli strumenti decentralizzati.

45. Coinvolgimento delle Generazioni più Giovani:

- Le generazioni più giovani stanno mostrando un interesse crescente per il trading di opzioni. Le piattaforme di trading online user-friendly e l'accesso facile ai mercati stanno contribuendo a questa tendenza.

In sintesi, il mercato delle opzioni è un ambiente dinamico e complesso che offre costantemente nuove opportunità e sfide. I trader di successo saranno quelli che rimangono aperti all'innovazione, continuano a educarsi e adattano le loro strategie alle mutevoli condizioni di mercato. La gestione del rischio rimane la chiave per la longevità nel trading di opzioni.

In conclusione, il mercato delle opzioni è in costante evoluzione, con numerose tendenze e opportunità che si manifestano nel corso del tempo. Per avere successo nel trading di opzioni, è essenziale essere sempre aggiornati sulle ultime tendenze e considerare attentamente come queste tendenze possono influenzare le proprie strategie di trading.

Inoltre, i trader dovrebbero essere aperti all'uso di nuovi strumenti e tecnologie, come l'analisi avanzata dei dati, l'intelligenza artificiale e la blockchain, che stanno cambiando il modo in cui vengono negoziate e gestite le opzioni.

La formazione continua è fondamentale. I trader dovrebbero sfruttare le risorse educative disponibili, partecipare a seminari, leggere libri e studiare le esperienze di altri trader. Inoltre, la gestione del rischio rimane una priorità assoluta. Utilizzare ordini stop-loss, dimensionare correttamente le posizioni e diversificare il portafoglio sono solo alcune delle strategie di gestione del rischio importanti.

Infine, l'aspetto psicologico del trading non deve essere trascurato. Mantenere la disciplina, gestire le emozioni e rimanere pazienti sono fattori chiave per il successo nel trading di opzioni. In definitiva, il trading di opzioni può essere redditizio ma richiede impegno, educazione e una comprensione approfondita del mercato. Rimanere informati sulle tendenze future e adottare un approccio strategico e disciplinato può aiutare i trader a sfruttare al meglio le opportunità che il mercato delle opzioni ha da offrire.

27. Consigli e Risorse Utili: Libri, siti web, corsi.

Libri sul Trading di Opzioni:
1. "Opzioni per il trader di oggi" di Scott Nations - Questo libro offre una panoramica completa delle opzioni, dalla teoria alla pratica, ed è adatto sia ai principianti che ai trader esperti.
2. "Opzioni come investimento strategico" di Lawrence G. McMillan - Considerato un classico nel campo delle opzioni, questo libro fornisce un'analisi dettagliata delle strategie di trading di opzioni.
3. "Trading di volatilità" di Colin Bennett - Questo libro si concentra sulla comprensione e sfruttamento della volatilità del mercato, un aspetto chiave del trading di opzioni.

Siti Web e Forum:

1. Investopedia (www.investopedia.com) - Investopedia offre una vasta gamma di risorse educative sulle opzioni, comprese definizioni, guide e articoli informativi.

2. Option Alpha (www.optionalpha.com) - Option Alpha è un sito web che fornisce corsi e risorse gratuite sul trading di opzioni, con un'enfasi sull'educazione e la gestione del rischio.

3. Reddit - La comunità Reddit ha diversi subreddit dedicati al trading di opzioni, dove i trader condividono idee, strategie e esperienze. Alcuni subreddit popolari includono r/options e r/wallstreetbets.

Corsi di Trading di Opzioni:

1. Coursera (www.coursera.org) - Coursera offre una serie di corsi online sul trading di opzioni, tenuti da istituti accademici e professionisti del settore.

2. Udemy (www.udemy.com) - Udemy ospita una varietà di corsi online sul trading di opzioni, sia per principianti che per trader esperti.

3. Khan Academy (www.khanacademy.org) - Khan Academy offre corsi gratuiti sulle opzioni finanziarie, che includono video e spiegazioni dettagliate.

Piattaforme di Trading di Opzioni:

1. Thinkorswim di TD Ameritrade - Una delle piattaforme di trading più popolari per il trading

di opzioni, con potenti strumenti di analisi e una comunità di trader attiva.

2. Interactive Brokers - Questa piattaforma è conosciuta per la sua accessibilità ai mercati internazionali e offre un'ampia gamma di strumenti per il trading di opzioni.

3. *E*TRADE - *E*TRADE offre una piattaforma user-friendly con una varietà di strumenti di analisi e risorse educative.

   Ricorda sempre di iniziare con una formazione adeguata prima di impegnarti nel trading di opzioni. Le opzioni possono essere complesse e comportano rischi significativi, quindi è fondamentale comprendere completamente i concetti prima di iniziare a negoziare.

Forum Online e Comunità: 4. Borsa Italiana - Se sei interessato al trading di opzioni in Italia, il sito ufficiale della Borsa Italiana offre una serie di risorse e informazioni utili, nonché accesso a dati di mercato in tempo reale.

5. Seeking Alpha (www.seekingalpha.com) - Seeking Alpha è una piattaforma online che ospita analisi e discussioni approfondite sulle opzioni e su una vasta gamma di altri asset finanziari.

Ricerca Accademica: 6. SSRN (www.ssrn.com) - Il Social Science Research Network (SSRN) è una piattaforma che pubblica articoli di ricerca accademica su vari argomenti finanziari, comprese le opzioni. È una risorsa utile per chi desidera approfondire la teoria e la ricerca accademica nel campo delle opzioni.

7. Università e Istituti Accademici - Molte università e istituti accademici offrono corsi e programmi di studio specifici sul trading di opzioni. Puoi esplorare le opzioni disponibili presso le istituzioni accademiche vicine o online.

Software di Analisi delle Opzioni: 8. OptionNET Explorer (www.optionnetexplorer.com) - OptionNET Explorer è un software avanzato per l'analisi delle opzioni, che consente ai trader di valutare strategie, grafici e modelli di volatilità.

9. OptionVue (www.optionvue.com) - OptionVue è un altro software di analisi delle opzioni che offre strumenti avanzati per la valutazione delle strategie e la gestione del rischio.

Gruppi di Studio e Club di Trading: 10. Alcune città ospitano club di trading o gruppi di studio dedicati al trading di opzioni. Partecipare a tali gruppi può fornire l'opportunità di condividere conoscenze, strategie e esperienze con altri trader.

Banche e Broker: 11. Le banche e i broker offrono spesso webinar, seminari e risorse educative per i loro clienti interessati al trading di opzioni. Verifica cosa è disponibile presso la tua banca o broker di fiducia.

Documentari e Podcast: 12. Esistono documentari e podcast che esplorano il mondo del trading e delle opzioni. Potresti cercare documentari come "Inside Job" o podcast come "Options Boot Camp" per ulteriori informazioni e prospettive.

Scegliere le risorse e le informazioni che meglio si adattano alle tue esigenze è importante. Continuare a educarsi e rimanere informati sulle ultime tendenze e strategie nel mondo delle opzioni è fondamentale per il successo nel trading di opzioni.

Strumenti di Analisi delle Opzioni: 13. Opstrat (www.opstrat.com) - Opstrat è una piattaforma online che offre strumenti avanzati per l'analisi delle opzioni, compresi grafici e modelli di volatilità.

14. Option Samurai (www.optionsamurai.com) - Option Samurai è uno strumento di analisi delle opzioni che consente ai trader di individuare rapidamente opportunità di trading in base ai loro criteri personali.

Comunità Online: 15. Twitter - Molte figure rispettate nel mondo del trading condividono regolarmente informazioni e analisi sulle opzioni su Twitter. Seguire trader esperti e analisti può essere un modo efficace per rimanere aggiornati sulle ultime notizie e opportunità di trading.

Brokerage con Commissioni Basse: 16. Se sei un trader attivo, potresti voler cercare un broker con commissioni basse per l'esecuzione delle transazioni. Alcuni broker offrono commissioni competitive per il trading di opzioni.

Corsi Avanzati: 17. Per i trader che desiderano approfondire ulteriormente la loro conoscenza, alcuni corsi avanzati sulle opzioni sono offerti da istituti finanziari e università. Questi corsi possono coprire argomenti più avanzati come la gestione del rischio e le strategie complesse.

Simulazioni di Trading: 18. Le simulazioni di trading consentono ai trader di sperimentare il trading di opzioni in un ambiente virtuale senza rischiare denaro reale. Queste piattaforme possono essere utili per acquisire esperienza prima di impegnarsi con il denaro reale.

Analisi delle Notizie Finanziarie: 19. Monitorare le notizie finanziarie è essenziale per comprendere come gli eventi economici e politici possono influenzare il mercato delle opzioni. Puoi utilizzare servizi di notizie finanziarie come Bloomberg, Reuters o CNBC.

Fondi Traded su Exchange (ETF) su Opzioni: 20. Alcuni ETF sono progettati per tracciare l'andamento delle opzioni, offrendo agli investitori un'esposizione diversificata alle opzioni senza doverle negoziare direttamente. Esempi includono l'ETF iShares Russell 2000 Options (IWM) e l'ETF CBOE S&P 500 PutWrite (PUTW).

Comunità Online per lo Scambio di Idee: 21. Oltre a forum di discussione, esistono piattaforme online come StockTwits, dove i trader condividono le loro idee e analisi di mercato in tempo reale.

Monitoraggio del Volume e degli Interessi Aperti: 22. Il volume e gli interessi aperti sono indicatori chiave nel trading di opzioni. Monitorare questi dati può aiutarti a valutare l'attività del mercato e individuare potenziali opportunità.

Spero che queste ulteriori risorse ti aiutino a continuare la tua ricerca e formazione nel campo del trading di opzioni. Ricorda sempre di investire con prudenza e di utilizzare una gestione del rischio adeguata nel tuo trading.

Strumenti di Analisi Tecnica: 23. TradingView (www.tradingview.com) - TradingView è una piattaforma popolare che offre grafici avanzati e una vasta gamma di indicatori tecnici che possono essere utilizzati per analizzare i movimenti dei prezzi delle opzioni e identificare potenziali punti di ingresso e uscita.

24.   Thinkorswim di TD Ameritrade - Thinkorswim offre una vasta gamma di strumenti di analisi tecnica, compresi indicatori personalizzabili, studi di oscillazione e molto altro.

Calendario Economico: 25. Un calendario economico è uno strumento essenziale per tenere traccia degli eventi economici e degli annunci che possono influenzare i mercati finanziari. Puoi trovare calendari economici online gratuiti, come quello offerto da Investing.com, che forniscono una lista completa di eventi economici, previsioni e impatti storici.

Analisi Fondamentale: 26. L'analisi fondamentale comporta la valutazione dei fondamentali di un'azione o di un asset sottostante, che può influenzare il prezzo delle opzioni legate a quell'asset. Questa analisi può includere la revisione dei bilanci aziendali, delle notizie economiche e di altri fattori che potrebbero influenzare il valore dell'asset sottostante.

Siti Web di Notizie Finanziarie: 27. Oltre ai servizi di notizie finanziarie tradizionali, siti web specializzati come Bloomberg, CNBC e Financial Times forniscono approfondimenti giornalieri sulle notizie di mercato e le tendenze economiche che possono influenzare il trading di opzioni.

Gestione del Portafoglio: 28. La gestione del portafoglio è un aspetto cruciale del trading di opzioni. Devi pianificare come gestirai le tue posizioni, quando prenderai profitti e quando applicherai stop-loss per limitare le perdite. Un piano di gestione del portafoglio solido è fondamentale per il successo a lungo termine.

Analisi degli Esempi di Trading: 29. Studiare esempi di trading di opzioni reali può essere un modo efficace per apprendere strategie e tattiche specifiche. Esistono molti siti web e forum dove i trader condividono le loro esperienze di trading e analizzano casi di studio.

Utilizzo della Leva Finanziaria in Modo Responsabile: 30. La leva finanziaria può amplificare i profitti, ma comporta anche rischi significativi. È fondamentale comprendere come utilizzare la leva finanziaria in modo responsabile e sempre con una gestione rigorosa del rischio. Continuare a educarsi e rimanere informati sulle ultime tendenze e strategie nel mondo delle opzioni è essenziale per avere successo. Assicurati sempre di avere una strategia di trading ben definita e di essere consapevole dei rischi associati al trading di opzioni. Buon trading!

In conclusione, il trading di opzioni è un'attività complessa che richiede una comprensione approfondita dei mercati finanziari, delle strategie di trading e della gestione del rischio. Prima di impegnarti nel trading di opzioni, è importante prendersi il tempo per acquisire una solida base di conoscenze. Ecco alcune considerazioni finali:

1. **Formazione Continua**: Il trading di opzioni è un campo in continua evoluzione. È essenziale impegnarsi nella formazione continua per rimanere aggiornati sulle ultime tendenze, strategie e strumenti disponibili.

2. **Pianificazione**: Prima di entrare in una posizione, pianifica attentamente la tua strategia. Determina i tuoi obiettivi, i punti di ingresso e uscita, nonché le dimensioni delle posizioni in modo da avere una chiara comprensione di come gestirai il trade.

3. **Gestione del Rischio**: La gestione del rischio è fondamentale. Utilizza stop-loss e take-profit per limitare le perdite e proteggere i profitti. Assicurati di avere un piano di gestione del portafoglio solido.

4. **Diversificazione**: Non mettere tutti gli ovini nello stesso recinto. Diversificare il tuo portafoglio di opzioni può aiutarti a ridurre il rischio complessivo. Considera l'utilizzo di una varietà di strategie e sottostanti.

5. **Controllo Emotivo**: Il trading può essere emotivamente intenso. Mantieni la disciplina e rimani concentrato sul tuo piano di trading anche durante i momenti di volatilità del mercato.

6. **Risorse**: Sfrutta al massimo le risorse disponibili, come libri, corsi, software di analisi, e comunità online di trader. Queste risorse possono aiutarti a migliorare la tua comprensione e le tue abilità nel trading di opzioni.

7. **Rispetto delle Regole e della Legge**: Assicurati di rispettare tutte le leggi e le regolamentazioni finanziarie relative al trading di opzioni nel tuo paese. Rispetta le tue obbligazioni fiscali e i requisiti di registrazione.

8. **Patience**: Il trading richiede pazienza. Non aspettarti di diventare un esperto immediatamente. Impiega il tempo necessario per acquisire esperienza e competenza.

9. **Mantenere i Piedi per Terra**: Il trading può comportare perdite. Non investire mai più di quanto puoi permetterti di perdere e non cercare di recuperare le perdite con trade impulsivi.

10. **Consulenza Finanziaria**: In alcuni casi, potresti voler consultare un consulente finanziario o un professionista del trading di opzioni per ottenere consigli personalizzati.

Ricorda che il trading di opzioni è un'attività finanziaria ad alto rischio e non è adatta a tutti. Prima di iniziare, valuta attentamente il tuo livello di esperienza, la tua tolleranza al rischio e i tuoi obiettivi finanziari. Consulta un professionista finanziario se sei incerto sulla tua idoneità al trading di opzioni.

28. Risolvere Problemi e Ostacoli Comuni: Superare le sfide del trading di opzioni.

Affrontare e risolvere i problemi e gli ostacoli comuni nel trading di opzioni è una parte essenziale per diventare un trader di successo. Qui di seguito sono elencati alcuni dei problemi più comuni e come affrontarli:

1. **Mancanza di Conoscenza**: Uno dei principali ostacoli per i principianti è la mancanza di conoscenza. Affronta questo problema attraverso l'istruzione. Studia libri, partecipa a corsi online o frequenta seminari sulla teoria e le strategie delle opzioni.

2. **Gestione del Rischio Inadeguata**: La gestione del rischio è fondamentale. Non investire mai più di quanto puoi permetterti di perdere in un singolo trade. Utilizza stop-loss e take-profit per proteggere il tuo capitale.

3. **Emozioni e Psicologia**: L'ansia, la paura e la cupidigia possono influenzare le decisioni di

trading. Mantieni un registro delle tue emozioni e sviluppa una mentalità disciplinata. Ricorda che il trading è basato su analisi e pianificazione, non su emozioni.

4. **Sottostimazione della Complessità**: Il trading di opzioni può sembrare semplice, ma è complesso. Non sottovalutare la complessità delle strategie e delle variabili coinvolte. Dedica tempo a comprendere appieno le tue posizioni.

5. **Mancata Pianificazione**: Pianifica sempre i tuoi trade in anticipo. Definisci i tuoi obiettivi, i punti di ingresso e uscita e le dimensioni delle posizioni. Non improvvisare.

6. **Comprendere la Volatilità**: La volatilità del mercato è un fattore cruciale nel trading di opzioni. Impara a valutare la volatilità e come essa può influenzare i prezzi delle opzioni.

7. **Overtrading**: Evita di fare troppi trade in un breve periodo di tempo. La qualità è più importante della quantità. Scegli con attenzione le tue opportunità e mantieni la disciplina.

8. **Mancata Diversificazione**: Non concentrarti su un unico sottostante o una sola strategia. Diversifica il tuo portafoglio di opzioni per ridurre il rischio complessivo.

9. **Manca un Piano di Uscita**: Prima di entrare in un trade, devi avere un piano di uscita. Decide quando prenderai profitto o chiuderai una posizione in perdita in anticipo.

10.   **Mancanza di Monitoraggio**: Non lasciare mai le tue posizioni senza controllo. Monitora regolarmente i tuoi trade e apporta aggiustamenti se necessario.

11. **Seguire Ciecamente i Consigli Altrui**: Non seguire ciecamente i consigli di altri trader o "guru" del mercato. Fai sempre la tua analisi e prendi decisioni informate.

12. **Negligenza delle Notizie di Mercato**: Le notizie finanziarie possono influenzare drasticamente i mercati. Assicurati di essere consapevole degli eventi economici in programma e delle notizie che potrebbero avere un impatto sulle tue posizioni.

Affrontare questi problemi richiede disciplina, pazienza e impegno costante. Continua a educarti, migliorare le tue abilità e rimani concentrato sui tuoi obiettivi a lungo termine nel trading di opzioni.

29. Esempi Pratici e Simulazioni: Guida passo passo per effettuare operazioni.

Ecco alcuni esempi pratici e simulazioni passo dopo passo di operazioni di trading di opzioni. In questo caso, esploreremo due delle strategie di opzioni più comuni: la coperta (covered call) e la copertura (protective put).

Esempio 1: Coperta (Covered Call)

La strategia della coperta coinvolge il possesso di un'azione sottostante e la vendita di una call option su quella stessa azione. Questa strategia è utilizzata quando si è rialzisti sull'azione sottostante ma si desidera anche guadagnare dalla vendita della call option.

1. **Selezione dell'Azione Sottostante**: Supponiamo che tu abbia 100 azioni di XYZ Corporation, che attualmente sono scambiate a $50 ciascuna.

2. **Scelta della Call Option**: Ora scegliamo una call option da vendere. Diciamo che vendi una call option con uno strike price di $55 che scadrà tra tre mesi. Riceverai un premio (prezzo dell'opzione) per questa vendita.

3. **Entrare nell'Operazione**: Vendi la call option sulle tue 100 azioni XYZ. Ricevi il premio dell'opzione.

4. **Scenario 1 - Azioni sotto lo strike price ($55)**: Se il prezzo delle azioni XYZ rimane al di sotto di $55 alla scadenza, il compratore della call option non eserciterà il suo diritto e guadagnerai il premio dell'opzione come profitto. Continuerai a detenere le tue azioni XYZ.

5. **Scenario 2 - Azioni sopra lo strike price ($55)**: Se il prezzo delle azioni XYZ supera $55 alla scadenza, il compratore della call option eserciterà il suo diritto e dovrai vendere le tue

azioni XYZ al prezzo di $55. Guadagnerai il premio dell'opzione e la differenza tra il prezzo di vendita e il costo originale delle azioni.

Esempio 2: Copertura (Protective Put)

La strategia di copertura coinvolge il possesso di un'azione sottostante e l'acquisto di una put option su quella stessa azione. Questa strategia è utilizzata quando si è preoccupati che il prezzo delle azioni possa diminuire ma si desidera proteggere il proprio investimento.

1. **Selezione dell'Azione Sottostante**: Supponiamo che tu abbia 100 azioni di ABC Incorporated, che attualmente sono scambiate a $60 ciascuna.

2. **Scelta della Put Option**: Ora scegliamo una put option da acquistare. Diciamo che acquisti una put option con uno strike price di $55 che scadrà tra tre mesi. Pagherai un premio per questa opzione.

3. **Entrare nell'Operazione**: Acquista la put option per proteggere le tue 100 azioni di ABC. Paga il premio dell'opzione.

4. **Scenario 1 - Azioni sopra lo strike price ($55)**: Se il prezzo delle azioni ABC rimane al di sopra di $55 alla scadenza, perderai il premio dell'opzione, ma il valore delle tue azioni rimarrà stabile o aumenterà.

5. **Scenario 2 - Azioni sotto lo strike price ($55)**: Se il prezzo delle azioni ABC scende al di

sotto di $55 alla scadenza, il valore delle tue azioni sarà protetto dalla put option che hai acquistato. Puoi quindi esercitare la put option per vendere le tue azioni a $55, evitando ulteriori perdite.

Questi esempi illustrano come le strategie di opzioni possono essere utilizzate per gestire il rischio e migliorare il potenziale di profitto nel trading di azioni. Tuttavia, è importante comprendere appieno i vantaggi e gli svantaggi di ciascuna strategia e valutare attentamente le tue aspettative di mercato prima di intraprendere qualsiasi operazione.

Strategia di Copertura (Protective Put) - Considerazioni Aggiuntive:

6. **Costo della Protezione**: Nel caso della strategia di copertura, dovrai considerare il costo dell'acquisto della put option. Questo costo ridurrà il tuo profitto potenziale se il prezzo delle azioni rimane stabile o aumenta, ma è un prezzo da pagare per la protezione contro le potenziali perdite.

7. **Scadenza della Put Option**: La scadenza della put option è un fattore importante. Dovresti scegliere una scadenza che rifletta le tue aspettative di quanto a lungo potrebbe volerci per vedere l'evoluzione del prezzo delle azioni. Optare per una scadenza troppo breve potrebbe

richiedere costi aggiuntivi per il rinnovo delle opzioni.

8. **Strike Price della Put Option**: Il livello di protezione dipende dallo strike price della put option. Uno strike price più basso offrirà una maggiore protezione, ma comporterà un costo più elevato. D'altra parte, uno strike price più alto sarà meno costoso, ma offrirà una protezione inferiore.

Strategia di Copertura vs. Strategia di Copertura: È importante notare che la strategia di copertura e la strategia di copertura (covered call) sono strategie opposte. La copertura è utilizzata quando si è preoccupati di una potenziale diminuzione del prezzo delle azioni, mentre la copertura (covered call) è utilizzata quando si è rialzisti sull'azione sottostante.

Strategie Avanzate: Oltre a queste strategie di base, esistono numerose strategie di opzioni più avanzate che coinvolgono combinazioni complesse di call e put options. Alcuni esempi includono lo straddle, lo strangle, l'iron condor e il butterfly spread. Queste strategie sono spesso utilizzate dagli operatori esperti per sfruttare le diverse condizioni di mercato.

Analisi Continua: Nel trading di opzioni, l'analisi continua è fondamentale. Devi monitorare costantemente il prezzo delle azioni sottostanti, la volatilità del mercato e gli eventi economici che potrebbero influenzare le tue posizioni. Questo ti aiuterà a prendere decisioni informate sugli aggiustamenti necessari.

Commissions and Fees: Non dimenticare di considerare le commissioni e le spese associate al trading di opzioni. Questi costi possono incidere sui tuoi profitti, quindi assicurati di conoscerli e tenerli in considerazione quando pianifichi le tue operazioni.

Diversificazione: In generale, è consigliabile diversificare il tuo portafoglio di opzioni e non concentrarti troppo su un'unica azione o strategia. La diversificazione può contribuire a ridurre il rischio complessivo.

Ricorda che il trading di opzioni è complesso e comporta un certo grado di rischio. È importante acquisire una solida comprensione delle strategie e delle variabili coinvolte prima di iniziare a negoziare opzioni. Inoltre, considera di consultare un consulente finanziario o un esperto di opzioni per una guida personalizzata basata sulle tue esigenze finanziarie e obiettivi di investimento.

Strategie Avanzate di Opzioni:

9. **Straddle**: Lo straddle è una strategia avanzata che coinvolge l'acquisto simultaneo di una call option e di una put option con lo stesso strike price e la stessa scadenza. Questa strategia è utilizzata quando ci si aspetta una significativa volatilità del prezzo dell'azione sottostante, ma non si è sicuri in quale direzione si muoverà. Lo straddle consente di beneficiare da un forte movimento del prezzo, sia in salita che in discesa.

10. **Strangle**: Lo strangle è simile allo straddle, ma le opzioni hanno differenti strike price. Si acquista una call option out-of-the-money (con uno strike price sopra il prezzo corrente delle azioni) e una put option out-of-the-money (con uno strike price sotto il prezzo corrente delle azioni). Questa strategia è utilizzata quando si prevede una volatilità, ma non si sa in quale direzione si verificherà un grande movimento dei prezzi.

11. **Iron Condor**: L'iron condor è una strategia avanzata di opzioni che coinvolge la vendita di una call option out-of-the-money e una put option out-of-the-money, insieme all'acquisto di una call option ancora più out-of-the-money e di una put option ancora più out-of-the-money. Questa strategia è utilizzata quando si prevede una limitata volatilità dei prezzi e si desidera guadagnare dalla raccolta di premi di opzione.

12. **Butterfly Spread**: Il butterfly spread è una strategia che coinvolge la combinazione di call options o put options con tre diversi strike price. Può essere un butterfly spread long o short, a seconda delle aspettative di mercato. Questa strategia è utilizzata per sfruttare una moderata volatilità del prezzo e può generare profitti se il prezzo delle azioni sottostanti rimane all'interno di una certa fascia di prezzi.

Gestione delle Opzioni:

13. **Rischi di Assegnazione**: Quando si vende opzioni, esiste il rischio di essere assegnati, il che significa che il possessore dell'opzione può esercitarla e richiedere l'acquisto o la vendita dell'azione sottostante. È importante essere pronti per questo scenario e avere un piano di gestione delle assegnazioni.

14. **Aggiustamenti**: Nel trading di opzioni, potresti dover apportare aggiustamenti alle tue posizioni a causa di cambiamenti nelle condizioni di mercato. Gli aggiustamenti possono includere la chiusura anticipata di opzioni, la rotazione delle posizioni o la modifica delle strategie.

15. **Calendario delle Scadenze**: Mantieni un calendario delle scadenze delle tue opzioni in modo da essere consapevole di quando le tue posizioni scadranno e potresti dover prendere decisioni.

16. **Regole Fiscali**: Considera le implicazioni fiscali delle tue operazioni di opzioni. Le regole fiscali possono variare in base al paese e possono influire sulle tue decisioni di trading.

Formazione Continua e Risorse:

17. Continua a educarti costantemente sul trading di opzioni attraverso la lettura di libri, la partecipazione a seminari, la consultazione di risorse online e l'analisi delle tue operazioni passate.

18. Utilizza piattaforme di trading e software che offrono strumenti avanzati per l'analisi delle opzioni, la simulazione e il backtesting delle strategie.

19. Considera l'iscrizione a servizi di ricerca finanziaria o newsletter che forniscono analisi di mercato e suggerimenti sulle opzioni.

20. Pratica con conti demo o con piccole quantità di denaro prima di impegnarti in operazioni di opzioni più significative.

Le opzioni offrono molte opportunità, ma anche sfide complesse. È essenziale avere una solida comprensione di ciascuna strategia e delle variabili coinvolte, nonché essere preparati a gestire il rischio e a prendere decisioni informate.

In conclusione, le strategie avanzate di opzioni, come lo straddle, lo strangle, l'iron condor e il butterfly spread, offrono agli operatori opzioni più sofisticate per gestire le loro posizioni e sfruttare le diverse condizioni di mercato. Tuttavia, è importante sottolineare che queste strategie comportano un maggiore livello di complessità e richiedono una profonda comprensione delle dinamiche del mercato e delle variabili coinvolte.

Prima di impegnarsi in strategie avanzate, è fondamentale:

1. **Formazione**: Assicurarsi di avere una conoscenza solida delle opzioni e delle strategie di base prima di passare a quelle avanzate.

2. **Analisi del Mercato**: Condurre un'attenta analisi del mercato per valutare se le condizioni attuali giustificano l'uso di una strategia avanzata. Ad esempio, uno straddle o uno strangle possono essere adatti in periodi di alta volatilità, mentre un iron condor può essere utilizzato in mercati più laterali.

3. **Gestione del Rischio**: Avere un piano di gestione del rischio solido è cruciale. Le strategie avanzate possono comportare perdite significative se non gestite correttamente.

4. **Monitoraggio Costante**: Continuare a monitorare le tue posizioni e le condizioni di mercato. Gli aggiustamenti potrebbero essere

necessari in risposta a cambiamenti nel prezzo dell'azione sottostante o nella volatilità.

5. **Pratica**: Praticare le strategie avanzate con conti demo o piccole quantità di denaro prima di impegnarsi in operazioni significative.

Inoltre, è consigliabile considerare il supporto di un consulente finanziario o di un esperto di opzioni quando si utilizzano strategie avanzate, poiché possono offrire una guida preziosa e personalizzata in base alle tue esigenze finanziarie e obiettivi di investimento.

Il trading di opzioni avanzate offre opportunità di profitto significative, ma comporta anche un rischio elevato. Pertanto, è essenziale approcciare queste strategie con cautela e preparazione.

30. Conclusione e Riflessioni Finali: Riassunto delle conoscenze acquisite e consigli per il futuro.

In questa conclusione, riassumeremo le conoscenze acquisite durante la nostra esplorazione sul trading di opzioni e forniremo consigli finali per chiunque sia interessato a impegnarsi in questo affascinante mondo finanziario.

Riassunto delle Conoscenze Acquisite:
Durante il nostro viaggio attraverso il trading di opzioni, abbiamo esplorato una vasta gamma di

argomenti. Ecco un breve riepilogo delle principali conoscenze acquisite:

1. **Introduzione alle Opzioni**: Abbiamo compreso cosa sono le opzioni, come funzionano e le loro caratteristiche principali.
2. **Tipi di Opzioni**: Abbiamo esaminato le opzioni call e put, comprese le differenze tra di loro.
3. **Terminologia Base**: Abbiamo imparato termini chiave come strike price, expiry date e underlying asset.
4. **Valutazione delle Opzioni**: Abbiamo esaminato i modelli di valutazione come il Black-Scholes e le strategie per determinare il valore delle opzioni.
5. **Strategie di Base**: Abbiamo esplorato le strategie fondamentali, tra cui long call, long put, short call e short put.
6. **Strategie Combinate**: Abbiamo analizzato strategie più complesse come spreads, straddles, strangles e iron condor.
7. **Analisi Tecnica**: Abbiamo esaminato l'uso di grafici, indicatori e pattern per prendere decisioni di trading.
8. **Gestione del Rischio**: Abbiamo discusso di come posizionare le dimensioni, impostare stop-loss e take-profit per proteggere gli investimenti.
9. **Pianificazione Finanziaria**: Abbiamo esplorato l'importanza di definire obiettivi di investimento, budget e capitalizzazione.

10. **Creazione di un Portfolio di Opzioni**: Abbiamo discusso di diversificazione e correlazione nell'assemblaggio di un portafoglio di opzioni.

11. **Impatto delle Notizie e degli Eventi di Mercato**: Abbiamo considerato come le notizie e gli eventi influenzino le decisioni di trading.

12. **Opzioni su Indici e Futures**: Abbiamo esaminato come le opzioni siano disponibili su una varietà di sottostanti, incluso l'uso di opzioni su indici e futures.

13. **Opzioni Esotiche e Complesse**: Abbiamo esplorato opzioni meno comuni come barrier options e asian options.

14. **Leverage e Margine**: Abbiamo analizzato l'uso responsabile del leverage e del margine.

15. **Tassazione sulle Opzioni**: Abbiamo affrontato le leggi e le regolamentazioni fiscali legate al trading di opzioni.

16. **Psicologia del Trading**: Abbiamo discusso di come gestire le emozioni e mantenere la disciplina nel trading.

17. **Regolamentazione e Compliance**: Abbiamo esaminato le normative e le regole relative al trading di opzioni.

18. **Consigli e Risorse Utili**: Abbiamo offerto suggerimenti su libri, siti web e corsi per migliorare le tue competenze.

19. **Risolvere Problemi e Ostacoli**: Abbiamo esplorato le sfide comuni e come superarle.
20. **Esempi Pratici e Simulazioni**: Abbiamo fornito esempi passo-passo di operazioni.
21. **Market Makers e Liquidity Providers**: Abbiamo discusso del ruolo dei market makers nel mercato delle opzioni.
22. **Backtesting di Strategie**: Abbiamo esaminato come verificare la validità di una strategia su dati storici.
23. **Automatizzazione del Trading**: Abbiamo esplorato l'uso di algoritmi e piattaforme per il trading di opzioni.
24. **Monitoraggio e Aggiustamento delle Posizioni**: Abbiamo discusso dell'importanza del monitoraggio costante e degli aggiustamenti delle posizioni.
25. **Evoluzione del Mercato e Trend Futuri**: Abbiamo considerato le nuove opportunità di trading, come le criptovalute e le opzioni su commodities.
26. **Scadenza e Esercizio**: Abbiamo imparato quando e come esercitare un'opzione.
27. **Consigli Finali**: Suggerimenti chiave per il trading di opzioni.

Consigli Finali:

1. **Formazione Continua**: Il mondo del trading è in continua evoluzione. Continua a formarti e a studiare le ultime tendenze e strategie.

2. **Gestione del Rischio**: La gestione del rischio è fondamentale. Non investire mai più di quanto puoi permetterti di perdere.

3. **Disciplina**: Mantieni la disciplina nel seguire il tuo piano di trading e nel rispettare le regole che hai stabilito.

4. **Pratica**: Prima di impegnarti con somme significative, pratica con conti demo o investimenti minimi.

5. **Diversificazione**: Diversifica il tuo portafoglio per ridurre il rischio.

6. **Mentalità a Lungo Termine**: Il trading di opzioni può essere redditizio, ma richiede una mentalità a lungo termine e pazienza.

7. **Consulenza Finanziaria**: Considera di consultare un consulente finanziario esperto in opzioni per una guida personalizzata.

8. **Regolamentazione e Tassazione**: Assicurati di essere a conoscenza delle leggi e delle regolamentazioni fiscali relative al trading di opzioni nel tuo paese.

Il trading di opzioni è una disciplina complessa ma gratificante. Con una solida formazione, una pianificazione adeguata e la gestione del rischio, è possibile raggiungere i propri obiettivi finanziari. Tieni presente che il successo richiede tempo e impegno, quindi continua a imparare e adattarti mentre progredisce nel tuo percorso di trading.

In questa guida completa al trading di opzioni, abbiamo esplorato una vasta gamma di argomenti, dalla conoscenza di base alle strategie avanzate. Ecco un riassunto dei principali punti trattati:

1. **Introduzione alle Opzioni**: Abbiamo imparato cosa sono le opzioni e come funzionano nel mercato finanziario.
2. **Tipi di Opzioni**: Abbiamo esaminato le opzioni call e put, capendo come siano utilizzate e le differenze tra di esse.
3. **Terminologia Base**: Abbiamo esplorato i concetti chiave come strike price, expiry date e underlying asset.
4. **Valutazione delle Opzioni**: Abbiamo analizzato modelli di valutazione come il Black-Scholes e le strategie per determinare il valore delle opzioni.
5. **Strategie di Base**: Abbiamo discusso delle strategie fondamentali, tra cui long call, long put, short call e short put.
6. **Strategie Combinate**: Abbiamo esaminato strategie più avanzate come spreads, straddles, strangles e iron condor.
7. **Analisi Tecnica**: Abbiamo visto come utilizzare grafici, indicatori e pattern per prendere decisioni di trading.
8. **Gestione del Rischio**: Abbiamo affrontato l'importanza della gestione del rischio, inclusa la

dimensione delle posizioni, gli stop-loss e i take-profit.

9. **Pianificazione Finanziaria**: Abbiamo esplorato come stabilire obiettivi di investimento, budget e capitalizzazione.

10. **Creazione di un Portfolio di Opzioni**: Abbiamo discusso di diversificazione e correlazione nell'assemblaggio di un portafoglio di opzioni.

11. **Impatto delle Notizie e degli Eventi di Mercato**: Abbiamo considerato come le notizie e gli eventi influenzino le decisioni di trading.

12. **Opzioni su Indici e Futures**: Abbiamo esaminato l'uso di opzioni su indici e futures.

13. **Opzioni Esotiche e Complesse**: Abbiamo esplorato opzioni meno comuni come barrier options e asian options.

14. **Leverage e Margine**: Abbiamo analizzato l'uso responsabile del leverage e del margine.

15. **Tassazione sulle Opzioni**: Abbiamo affrontato le leggi e le regolamentazioni fiscali relative al trading di opzioni.

16. **Psicologia del Trading**: Abbiamo discusso di come gestire le emozioni e mantenere la disciplina nel trading.

17. **Regolamentazione e Compliance**: Abbiamo esaminato le normative e le regole relative al trading di opzioni.

18.   **Consigli e Risorse Utili**: Abbiamo fornito suggerimenti su libri, siti web e corsi per migliorare le tue competenze.

19. **Risolvere Problemi e Ostacoli**: Abbiamo esplorato le sfide comuni e come superarle.

20.   **Esempi Pratici e Simulazioni**: Abbiamo fornito esempi passo-passo di operazioni.

21. **Market Makers e Liquidity Providers**: Abbiamo discusso del ruolo dei market makers nel mercato delle opzioni.

22.   **Backtesting di Strategie**: Abbiamo esaminato come verificare la validità di una strategia su dati storici.

23.   **Automatizzazione del Trading**: Abbiamo esplorato l'uso di algoritmi e piattaforme per il trading di opzioni.

24.   **Monitoraggio e Aggiustamento delle Posizioni**: Abbiamo discusso dell'importanza del monitoraggio costante e degli aggiustamenti delle posizioni.

25.   **Evoluzione del Mercato e Trend Futuri**: Abbiamo considerato le nuove opportunità di trading, come le criptovalute e le opzioni su commodities.

26.   **Scadenza e Esercizio**: Abbiamo imparato quando e come esercitare un'opzione.

27.   **Consigli Finali**: Abbiamo offerto suggerimenti chiave per il trading di opzioni.

28. **Risorse Utili**: Puoi continuare a migliorare le tue competenze visitando siti web specializzati come Investopedia (www.investopedia.com), Options Industry Council (www.optionseducation.org) e Options Clearing Corporation (www.optionsclearing.com). Inoltre, considera la possibilità di partecipare a corsi online o di consultare libri specifici sul trading di opzioni per un'apprendimento più approfondito.

Il trading di opzioni è una disciplina che richiede impegno e apprendimento costante. Con la giusta preparazione e gestione del rischio, è possibile raggiungere i propri obiettivi finanziari nel mercato delle opzioni. Speriamo che questa guida ti abbia fornito una base solida per iniziare il tuo viaggio nel trading di opzioni

www.ingramcontent.com/pod-product-compliance
Lightning Source LLC
Chambersburg PA
CBHW050741180726
48003CB00018B/61